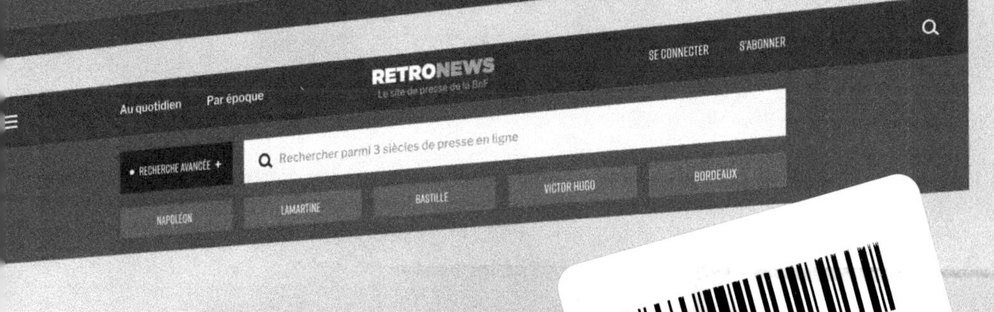

Découvrez l'histoire par les archives de presse

RETRONEWS

Le site de presse de la BnF

www.retronews.fr

ALMANACH

HISTORIQUE ET AGRICOLE

DE LA

HAUTE-LOIRE

POUR

1851

publié par les soins

DE LA SOCIÉTÉ ACADÉMIQUE DU PUY

et sous les auspices

DU CONSEIL GÉNÉRAL DU DÉPARTEMENT.

agriculture, administration, statistique, histoire, industrie, commerce.

Première Année. — Prix : 75 c.

AU PUY

CHEZ GAUDELET, RUE GRANGE-VIEILLE,

CHEZ LE CONCIERGE DU MUSÉE

ET, DANS LE DÉPARTEMENT,

chez tous les Libraires.

1850.

ALMANACH

DE

LA HAUTE-LOIRE.

—

1851.

TYPOGRAPHIE

DE J. B. GAUDELET, IMPRIMEUR,

rue Grange-Vieille,

LE PUY.

ALMANACH

HISTORIQUE ET AGRICOLE

DE LA

HAUTE-LOIRE

POUR

1851

publié par les soins

DE LA SOCIÉTÉ ACADÉMIQUE DU PUY

et sous les auspices

DU CONSEIL GÉNÉRAL DU DÉPARTEMENT.

———

agriculture, administration, statistique, histoire, industrie, commerce.

—

Première Année.

AU PUY

CHEZ GAUDELET, RUE GRANGE-VIEILLE,

CHEZ LE CONCIERGE DU MUSÉE

ET, DANS LE DÉPARTEMENT,

chez tous les Libraires.

—

1851

PRÉFACE.

En 1787 parut au Puy un petit livre intitulé ALMANACH HISTORIQUE DU VELAY; il était écrit par l'abbé Laurent. Ce livre, très rare aujourd'hui, ne parut que deux fois : les événements politiques en arrêtèrent la continuation.

Quarante-sept ans plus tard, en 1855, était fondé l'*Annuaire du département de la Haute-Loire,* qui, pendant ses deux premières années, chercha en vain à renouer, par une similitude de plan, une chaine interrompue par le temps. Ce n'était plus un almanach, mais une sèche nomenclature qui ne pouvait rien apprendre à personne, une liste qui se réimprimait chaque année avec de légères variantes, et qui pouvait bien être consultée par quelques étrangers, mais que ne lisait assurément aucun habitant du pays. Le conseil général ne votait qu'à regret l'allocation annuelle sans laquelle cette publication n'eût pu se soutenir.

La pensée vint un jour à l'un des membres de la société Académique de restaurer le livre populaire du savant religieux du Velay. Cette idée fut discutée, et devint l'objet d'un rapport dont les conclusions conformes furent adoptées dans la séance du 5 juillet 1850. Puis un comité de rédaction fut nommé, qui se chargea de remplacer l'*Annuaire* par un ALMANACH HISTORIQUE ET AGRICOLE DU DÉPARTEMENT DE LA HAUTE-LOIRE. Le conseil général s'empressa d'augmenter la subvention ordinaire ; on se mit à l'œuvre.

Les modèles ne manquaient pas, un grand nombre de départements possédant depuis longtemps leur almanach particulier. Les matériaux abondaient aussi ; le choix et le classement pouvaient seuls offrir quelque embarras. Le livre, pour réussir, devait être utile, sérieux, intéressant, varié ; il fallait construire, non plus un annuaire, mais un almanach ; il fallait plaire et instruire ; il fallait rappeler avec exactitude au magistrat municipal ses devoirs de chaque jour ; à l'agriculteur, les soins qui doivent le préoccuper aux différentes époques de l'année ; au commerçant, le lieu, le jour et la nature des foires qui se tiennent dans le département de la Haute-Loire et dans les localités importantes les plus rapprochées.

Cet Almanach sera le dépôt des faits locaux accomplis pendant l'année précédente; il répandra dans le pays les solutions agricoles données par l'expérience et débattues au sein de la société Académique. Les découvertes utiles, il les communiquera dans leur plus grande simplicité. Il se fera l'écho des belles actions accomplies au milieu de nous; il citera les encouragements accordés à l'agriculture et à l'industrie départementales. Les monuments archéologiques qui font la gloire de nos ancêtres, et qui méritent toute notre vénération, il les signalera à l'attention publique, et les préservera d'une fatale détérioration ou d'une restauration inintelligente......

Nous n'en finirions pas, si nous voulions entrer dans le détail de tous les faits intéressants qui composent ce volume ou qui sont destinés aux volumes suivants. Et nous n'écrivons pas ici un programme exagéré : il suffirait, pour s'en convaincre, de parcourir nos *Annales* et de se rappeler que la société Académique du Puy ouvre son sein à toutes les spécialités, à tous les genres de mérite.

ALMANACH DE LA HAUTE-LOIRE

POUR 1851.

RENSEIGNEMENTS CHRONOLOGIQUES.

Age du monde, 5851.

Année 6564 de la période Julienne.
 2627 des olympiades, ou 6e année de la 654e olympiade ; elle commence en juillet.
 2604 de la fondation de Rome.
 2598 de l'ère de Nabonassar, fixée au mercredi, 26 février de l'an 747 avant Jésus-Christ.
 1267 des Turcs ; elle commence le 27 novembre 1850, et finit le 16 novembre 1851.
 1851 des Russes ; elle commence le 15 janvier de notre année.
 559 de la découverte du Nouveau-Monde par Christophe Colomb.
 76 de l'indépendance des États-Unis d'Amérique.

COMPUT ECCLÉSIASTIQUE.

Nombre d'or	9	FÊTES MOBILES (suite).	
Epacte	xxviij	Ascension	29 mai
Cycle solaire	12	Pentecôte	8 juin
Indiction romaine	9	Trinité	15 juin
Lettre dominicale	E	Fête-Dieu	19 juin
QUATRE TEMPS.		Premier Dimanche	
Mars	12 14 et 15	de l'Avent	50 novembre
Juin	11 13 et 14	FÊTES NON MOBILES.	
Septembre	17 19 et 20	Circoncision	1er janvier
Décembre	17 19 et 20	Assomption	15 août
FÊTES MOBILES.		Toussaint	1er novembre
Septuagésime	16 février	Noel	25 décembre
Les Cendres	5 mars	NOMBRE DES DIMANCHES	
Pâques	20 avril	après l'Epiphanie	5
Rogations	26 27 28 mai	après la Pentecôte	24

1

COMMENCEMENT DES SAISONS.

Printemps	21 mars,	à 5 heures	4 m.	du matin.
Été	22 juin,	à 1	55	—
Automne	23 septembre,	à 4	0	du soir.
Hiver	22 décembre,	à 9	59	du matin.

ÉCLIPSES.

Le 17 janvier, éclipse partielle de lune en partie visible au Puy : commencement, à 3 h. 49 m. du soir ; milieu, à 4 h. 59 m. ; fin, à 6 h. 9 m.

Le 1er février, éclipse annulaire de soleil invisible au Puy ; elle durera de 4 à 7 h. du matin.

Le 13 juillet, éclipse partielle de lune invisible au Puy.

Le 28 juillet, éclipse totale de soleil. Au Puy l'on ne verra qu'une éclipse partielle, dont voici les principales circonstances :

Commencement, à 2 h. 19 m. du soir ; plus grande phase, à 3 h. 31 m. ; fin, à 4 h. 29 m.

MARÉES.

Le soleil et la lune, par leur attraction sur les eaux de la mer, occasionent des mouvements qui, en se combinant, produisent les marées que nous observons. La marée composée est très grande vers les syzygies (c'est le nom donné aux époques de la pleine lune et de la nouvelle) ; alors elle est la somme des marées partielles qui coïncident.

On a remarqué, dans nos ports, que les plus grandes marées suivent d'un jour et demi la nouvelle et la pleine lune. Ainsi l'on aura l'époque où elles arrivent, en ajoutant un jour et demi à la date des syzygies.

En 1851 les plus fortes marées seront celles du 19 janvier, du 17 février, du 19 mars, du 17 avril, du 28 août, du 26 septembre et du 26 octobre. Ces marées, surtout celles de mars et de septembre, pourraient occasioner quelques désastres, si elles étaient favorisées par les vents.

UNE IDÉE DE NOTRE SYSTÊME PLANÉTAIRE.

En supposant que
le Soleil soit représenté par un gros potiron de cinquante centimètres de diamètre,
Mercure ressemblerait à un grain de moutarde;
Vénus, à un petit pois;
la Terre, à un pois un peu plus gros;
Mars, à une grosse tête d'épingle;
Vesta, Junon, Cérès et Pallas, à des grains de sable;
Jupiter, à une orange moyenne;
Saturne, à une petite orange;
Uranus, à une grosse cerise.

JANVIER. — signe, le Verseau.

Pendant ce mois les jours croissent d'1 h. 3 m., savoir : de 21 m. le matin et de 42 le soir.		SOLEIL.		LUNE.	
		Lever	Coucher	Lever.	Coucher.
Jours.	Saints.	h. m.	h. m.	h. m.	h. m
1 mer.	Circoncision	7 56	4 11	6 49 matin	3 41 soir
2 jeudi	Basile, évêque	7 56	4 12	7 43	4 29
3 ven.	Geneviève, berg	7 56	4 13	8 30	5 22
4 sam.	Odilon, abbé	7 56	4 15	9 10	6 19
5 Dim.	Siméon.	7 56	4 16	9 43	7 19
6 lun.	Epiphanie	7 56	4 17	10 12	8 21
7 mar.	Alderic, évêque	7 55	4 18	10 38	9 24
8 mer.	Julien, martyr	7 55	4 19	11 02	10 27
9 jeudi	Basilisse, mart.	7 55	4 20	11 24	11 31
10 vend	Lucien.	7 54	4 22	11 47	0 00 matin
11 sam.	Théodose, emp	7 54	4 23	0 11 soir	0 36
12 D. 1	Fréjus, évêque	7 53	4 24	0 38	1 43
13 lun.	Baptême de J.-C.	7 53	4 26	1 08	2 53
14 mar.	Hilaire, évêque	7 52	4 27	1 45	4 05
15 mer.	Paul, ermite	7 51	4 28	2 31	5 16
16 jeudi	Fulgence, évêq.	7 51	4 30	3 27	6 23
17 vend	Antoine, abbé	7 50	4 31	4 34	7 23
18 sam.	Pierre (chaire)	7 49	4 33	5 50	8 15
19 D. 2	Nom de Jésus	7 48	4 34	7 09	8 59
20 lun.	Sébastien	7 47	4 36	8 28	9 35
21 mar.	Agnès, vierge	7 47	4 37	9 47	10 06
22 mer.	Vincent, mart.	7 46	4 39	11 03	10 33
23 jeudi	Fabien, pape	7 44	4 40	0 00 matin	10 59
24 vend	Timothée, évêq	7 43	4 42	0 16	11 26
25 sam.	Paul (conversio)	7 42	4 44	1 27	11 54
26 D. 3	Paule, veuve	7 41	4 45	2 36	0 25 soir
27 lun.	J. Chrysostome	7 40	4 47	3 41	0 59
28 mar.	Cyrille, évêque	7 39	4 48	4 42	1 39
29 mer.	Franç. de Sales	7 38	4 50	5 37	2 25
30 jeudi	Bathilde, veuve	7 36	4 52	6 25	3 17
31 vend	Pierre Nolasque	7 35	4 53	7 08	4 13

N. L. le 2, à 10 h. 53 m. du mat. | P. L. le 17, à 4 h. 52 m. du soir
P. Q. le 10, à 4 h. 31 m. du soir. | D. Q. le 24, à 8 h. 26 m. du mat

CALENDRIER DU CULTIVATEUR.

TRAVAUX DU MOIS.

Les travaux des champs sont ordinairement suspendus par le mauvais temps. Si les dégels permettent de labourer, il faut s'empresser de mettre la charrue dans les terres fortes, qui ont surtout besoin d'être cultivées par les gelées.

Lorsque le dégel après la neige va noyer les terres ensemencées, il faut donner aux eaux tout leur écoulement, en visitant les fossés, les *rases* et les sillons (*tous argueils*).

Par les belles gelées, on peut sans gâter les labours porter aux champs du fumier, de la boue des chemins et de bonne terre. Les platras, les débris de démolition (*marrein*) produisent souvent de très bons effets sur les terres graveleuses et peu saines (*moulardes*).

La chaux, la suie, les cendres, lessivées ou non, sont aussi d'excellents amendements, trop négligés dans nos pays, et qui conviennent également aux prairies naturelles et artificielles, qu'on peut enterrer dans le labour ou semer dans les jeunes blés (*breuilles* ou *breuillages*).

La chaux est bien employée de la sorte dans des pays où elle coûte cependant jusqu'à deux francs l'hectolitre (cinq cartons), tandis qu'au Puy, on peut l'obtenir à quinze sous, ou trois sous le carton (double-décalitre).

C'est le moment de répandre toutes ces diverses substances, comme aussi d'étendre des fumiers longs ou pailleux sur les blés de mauvaise apparence; ce qui s'appelle *fumer en couverture*.

On continue à battre. — Il vaudrait mieux faire la dépense de quelques batteurs, que de négliger les autres travaux que le temps peut permettre, ou de faire traîner le battage en longueur, au risque de laisser les rats commettre dans les granges des dégâts considérables.

FEVRIER. — signe, les Poissons.

Pendant ce mois les jours croissent d'1 h. 30 m., savoir : 46 m. le matin et 44 le soir.		SOLEIL.				LUNE.			
		Lever.		Coucher.		Lever.		Coucher.	
Jours.	Saints.	h.	m.	h.	m.	h.	m.	h.	m.
1 sam.	Agrippa, mart.	7	34	4	55	7	44 (matin)	5	12 (soir)
2 D. 4	PURIFICATION.	7	32	4	57	8	15	6	13
3 lun.	Paulien, évêq.	7	31	4	58	8	42	7	15
4 mar.	Jeanne du Valai	7	29	5	00	9	07	8	17
5 mer.	Agathe, v. m.	7	28	5	02	9	30	9	20
6 jeudi	Etienne, moine.	7	26	5	03	9	52	10	24
7 vend	Romuald, abbé	7	25	5	05	10	14	11	29
8 sam.	Jean de Matha.	7	23	5	06	10	39	0	00 (matin)
9 D. 5	Purificat (octav)	7	22	5	08	11	07	0	36
10 lun.	Ignace, évêque	7	20	5	10	11	40	1	45
11 mar.	Benoît, abbé	7	19	5	11	0	20 (soir)	2	54
12 mer.	Eulalie, vierge	7	17	5	13	1	09	4	00
13 jeudi	Pierre Damien	7	15	5	15	2	10	5	03
14 vend	Valentin	7	14	5	16	3	20	5	59
15 sam.	Géorgine.	7	12	5	18	4	37	6	47
16 Dim.	Septuagésime	7	10	5	20	5	58	7	27
17 lun.	Silvain	7	08	5	21	7	19	8	02
18 mar.	Siméon, évêque	7	07	5	23	8	39	8	32
19 mer.	Boniface	7	05	5	25	9	58	8	59
20 jeudi	Eucher, évêque	7	05	5	26	11	13	9	27
21 vend	Pépin	7	01	5	28	0	00 (matin)	9	55
22 sam.	Isabelle	6	59	5	30	0	25	10	25
23 Dim.	Sexagésime	6	57	5	31	1	33	10	59
24 lun..	Mathias, ap.	6	55	5	33	2	36	11	38
25 mar.	Félix, pape	6	53	5	34	3	34	0	22 (soir)
26 mer.	Nestor, évêque	6	52	5	36	4	25	1	12
27 jeudi	Honorine	6	50	5	38	5	09	2	06
28 vend	Romain	6	48	5	39	5	46	3	04

N. L. le 1, à 6 h. 11 m. du matin. P. L. le 16, à 3 h. 38 m. du matin.
P. Q. le 9, à 9 h. 5 m. du matin. D. Q. le 22, à 9 h. 48 m. du soir.

Mêmes occupations en **FÉVRIER** que dans le mois précédent.

Le bétail qui ne travaille pas , peut consommer plus facilement dans cette saison les fourrages de qualité inférieure ; mais il faut se garder d'imiter ces gens qui le laissent pâlir et maigrir en hiver, et à qui il en coûte fort cher pour le remettre en état de reprendre les travaux. « Maintenir est plus aisé que faire revenir ».

Un moyen simple et peu coûteux de faire manger avec plaisir par tous les animaux la paille et les foins médiocres , c'est de les arroser avec de l'eau salée. Un kilogramme de sel dans un grand arrosoir d'eau suffit pour humecter convenablement cent cinquante à deux cents kilogrammes (deux à trois quintaux) de fourrage. Une ou deux poignées de son mêlé avec le sel rendraient cette nourriture plus appétissante et plus saine. Les chevaux, les bêtes à cornes ou à laine se trouvent très bien de ce régime, plus économique qu'on ne peut croire. Du reste, avec le sel à bon marché, le cultivateur devrait saler tous les aliments de son bétail.

C'est généralement le moment de pousser et achever les engraissements tardifs. La pâtée de pomme de terre, de rave, betterave et carotte pour les bœufs et moutons qu'on destine à la boucherie, comme pour les porcs, étant assaisonnée de sel, maintiendrait mieux leur appétit, et ne les rebuterait pas si promptement. On ne saurait trop recommander la carotte dans ces mélanges cuits : outre qu'elle est très nourrissante, par le changement elle flatte le goût des animaux.

Les cultivateurs qui ont la possibilité et le bon esprit de tenir leur fumier à couvert sous des hangars, peuvent lui donner des soins qui en augmentent la valeur. Il faut qu'il soit bien relevé, bien tassé et dans une égale épaisseur ; que les substances les plus actives ne se perdent pas par l'écoulement des eaux ; mais qu'au contraire toutes les parties en soient maintenues par des arrosages au même degré d'humidité et de lente fermentation.

MARS — signe, le Bélier:

Jours.	Saints.	h. m.	h. m.	h. m.	h. m.
1 sam.	Aubin , évêque	6 46	5 41	6 19 (matin)	4 05 (soir)
2 Dim.	*Quinquagésime.*	6 44	5 42	6 48	5 07
3 lun.	Cunégonde.	6 42	5 44	7 13	6 09
4 mar.	Casimir. Adrien	6 40	5 46	7 35	7 12
5 merc	les CENDRES	6 38	5 47	7 57	8 16
6 jeudi	Perpétue, Félic.	6 35	5 49	8 19	9 21
7 vend	Cinq Plaies	6 33	5 50	8 42	10 27
8 sam.	Jean de Dieu	6 31	5 52	9 08	11 34
9 D. 1	QUADRAGÉSIME	6 29	5 53	9 38	0 00 (matin)
10 lun.	XL Martyrs	6 27	5 55	10 14	0 42
11 mar.	Euloge , Soter	6 25	5 56	10 59	1 48
12 merc	*Quatre Temps*	6 23	5 58	11 52	2 50
13 jeudi	Euphrasie, vier	6 21	5 59	00 55 (soir)	3 48
14 vend	Opprobr. de J. C	6 19	6 01	2 07	4 58
15 sam	Zacharie	6 17	6 02	3 26	5 20
16 D. 2	*Reminiscere*	6 15	6 04	4 48	5 55
17 lun.	Patrice d'Irland	6 13	6 06	6 09	6 27
18 mar.	Alexandrin, év.	6 11	6 07	7 29	6 58
19 mer.	Joseph , époux	6 09	6 09	8 47	7 27
20 jeudi	Joachim	6 06	6 10	10 04	7 54
21 vend	Tête de la Croix	6 04	6 12	11 17	8 23
22 sam.	Gertrude, Emile	6 02	6 13	0 00 (matin)	8 56
23 D. 3	*Oculi*	6 00	6 15	0 25	9 34
24 lun.	Gabriel, archan.	5 58	6 16	1 26	10 17
25 mar.	ANNONCIATION	5 56	6 18	2 21	11 05
26 mer.	Ludger, évêque	5 54	6 19	3 08	11 58
27 jeudi	Sixte, Rupert	5 52	6 21	3 47	0 55 (soir)
28 vend	vénér. des épines	5 49	6 22	4 21	1 56
29 sam.	Prisque, évêque	5 47	6 24	4 50	2 58
30 D. 4	*Lætare*	5 45	6 25	5 16	4 01
31 lun.	Rodolphe	5 43	6 27	5 40	5 04

N. L. le   3 à 1 h. 24 m. du matin. | P. L. le 17 à 1 h. 28 m. du soir.
P. Q. le 10 à 9 h. 54 m. du soir. | D. Q. le 24 à 1 h. 35 m. du soir.

Le mois de **MARS** ouvre, pour les régions tempérées de nos pays, le saison active des grands travaux. Les labours préparatoires sont achevés. Sur les plateaux un peu élevés, on bêche cependant encore pour les lentilles. A partir de ce moment il faut tenir compte, dans les indications du *Calendrier*, du retard considérable que les climats imposent : il y a une différence d'un à deux mois entre la montagne et la région moyenne.

Dans la première quinzaine de ce mois, si le temps est favorable, on sème l'orge. Plusieurs agriculteurs expérimentés s'applaudissent d'avoir essayé, même en grand, une variété d'orge nouvelle pour le pays, l'*orge nue*, qui, sans être peut-être plus *rendante* en mesure que l'ordinaire, pèse davantage, donne plus de farine et moins de son. Il y a lieu, en outre, de la croire plus nutritive.

C'est aussi le moment de semer le froment et le seigle de mars, ainsi que l'avoine.

On ne saurait trop se presser, quand le temps est favorable, de semer les féveroles ou fèves noires, les lentilles et les carottes. Il serait probablement trop tôt pour la betterave, dont les plants courraient le risque d'être détruits par les gelées.

Ces deux dernières plantes sont trop peu connues dans nos campagnes, où elles permettraient, lorsque les raves sont épuisées, de continuer dans les étables l'usage de la nourriture fraîche.

Faire le plus tôt possible les premiers semis de vesces pour fourrage.

Dans les contrées favorisées, on ne doit guère laisser passer ce mois sans faire les semis de trèfle et de sainfoin ou esparcette. Il est prudent d'attendre le mois d'avril pour la luzerne, qui est plus sensible à la gelée.

Biner les colzas, plâtrer les trèfles, sainfoins, luzernes, vesces, jarousses, dès que la plante commence à couvrir la terre ; éviter le pâturage des prairies destinées à être fauchées, les arroser peu ; planter les porte-graines de rave, carotte et betterave.

Pendant ce mois les jours croissent d'1 h. 39 m., savoir: de 56 m. le matin et de 43 le soir.		SOLEIL.		LUNE.	
		Lever.	Coucher.	Lever.	Coucher.
Jours.	Saints.	h. m.	h. m.	h. m.	h. m.
1 mar.	Hugues, évêque	5 41	6 28	6 02 matin	6 08 soir.
2 mer.	François de P.	5 39	6 29	6 23	7 14
3 jeudi	Richard, évêq.	5 37	6 31	6 46	8 20
4 vend	Sang de J. C.	5 35	6 32	7 12	9 27
5 sam.	Vincent-Ferrier	5 33	6 34	7 41	10 34
6 D. 5	LA PASSION	5 31	6 35	8 14	11 40
7 lun.	Guillaume.	5 29	6 37	8 54	0 00 matin.
8 mar.	Gauthier, abbé	5 27	6 38	9 43	0 44
9 mer.	Fulbert	5 24	6 40	10 42	1 43
10 jeudi	Macaire, évêq.	5 22	6 41	11 50	2 33
11 vend	Compass. Ste V.	5 20	6 43	1 03 soir	3 16
12 sam.	Justin, martyr	5 18	6 44	2 21	3 54
13 D. 6	LES RAMEAUX	5 16	6 46	3 41	4 26
14 lun.	Tiburce	5 14	6 47	5 00	4 54
15 mar.	Paterne	5 12	6 49	6 19	5 21
16 mer.	Maron	5 10	6 50	7 37	5 49
17 jeudi	la Cène	5 09	6 52	8 53	6 18
18 vend	Parfait, martyr	5 07	6 53	10 06	6 50
19 sam.	Timon, Elphège	5 05	6 55	11 13	7 26
20 Dim.	PAQUES	5 03	6 56	0 00	8 07
21 lun.	Anselme, évêq.	5 01	6 58	0 13 matin	8 54
22 mar.	Opportune	4 59	6 59	1 04	9 47
23 mer.	George	4 57	7 00	1 47	10 45
24 jeudi	Léger, évêque	4 55	7 02	2 24	11 45
25 vend	Robert	4 53	7 03	2 55	0 47 soir.
26 sam.	Clet, pape	4 52	7 05	3 21	1 49
27 D. 1	Quasimodo	4 50	7 06	3 44	2 53
28 lun.	Marc, évangél.	4 48	7 08	4 06	3 58
29 mar.	Marie Egyptièn	4 46	7 09	4 28	5 03
30 mer.	Catherine de Siè	4 45	7 11	4 51	6 09

N. L. le 1, à 6 h. 42 m. du soir.   P. L. le 15, à 10 h. 45 m. du soir.
P. Q. le 9, à 7 h. 11 m. du mat.   D. Q. le 23, à 7 h. 7 m. du mat.

Les travaux et semis qui ont été indiqués pour le mois précédent, se reportent au mois d'AVRIL pour les contrées froides de notre département.

On peut semer partout avec avantage le trèfle, la luzerne qu'on nomme mal-à-propos *sainfoin* dans nos pays, la sparcette ou sainfoin (ces deux noms indiquent la même plante).

On peut semer une ou deux fois dans le mois des vesces de printemps pour la nourriture des bestiaux. Il est déja tard pour les féveroles, lentilles, carottes et pavots, dont les premiers semis peuvent dans le courant du mois recevoir un premier binage.

Le mois d'avril est la véritable époque pour le semis de la betterave et la plantation des pommes de terre. Quoique cette dernière plante puisse venir dans tous les terrains, elle n'est ni lucrative ni de bonne qualité dans ceux qui sont trop forts. Ceux-ci doivent être réservés à d'autres cultures, telles que betteraves, féveroles ou fèves noires, rutabagas. C'est toujours une mauvaise pratique de semer les pommes de terre dans toutes les raies : la plante n'a pas la place suffisante pour s'étaler, et les binages deviennent plus difficiles à exécuter. La pomme de terre étant sujette à dégénérer, un cultivateur doit toujours semer en essai les meilleures variétés qu'il peut se procurer, afin d'avoir pour les années suivantes la semence de celles qui lui ont donné un produit plus abondant et de meilleure qualité.

Dans les vallées où la vigne prospère, on peut semer du maïs vers la fin de ce mois ou au commencement du mois prochain. On ne peut guère espérer de réussir dans cette culture, si le terrain n'est bien amendé par des labours et des fumures.

Semer les haricots dès qu'on n'a plus à craindre les gelées.

Biner les céréales ; enlever les seigles des froments.

Faire saillir les juments; prendre soin des couvées de poule et de dinde.

MAI. — signe, les Gémeaux.

Pendant ce mois les jours croissent d'1 h. 18 m, savoir : 39 m. le matin et 39 m. le soir.

Jours.	Saints.	SOLEIL Lever.	SOLEIL Coucher.	LUNE Lever.	LUNE Coucher.
1 jeudi	Jacques, Philipp	4 43	7 12	5 15 *matin*	7 16 *soir*
2 vend	Athanase, évêq.	4 41	7 14	5 41	8 24
3 sam.	Inv. de la Croix	4 39	7 15	6 12	9 33
4 D. 2	Monique, veuve	4 38	7 16	6 51	10 59
5 lun.	Thomas d'Aquin	4 36	7 18	7 39	11 39
6 mar.	Jean-Porte-Lat.	4 34	7 19	8 36	12 00
7 mer.	Anselme, évêq.	4 33	7 21	9 40	0 32 *matin*
8 jeudi	Gabriel, archan.	4 31	7 22	10 50	1 17
9 vend	Grégoir. Nazianz	4 30	7 23	0 05 *soir*	1 56
10 sam.	Mamert, Maïol	4 28	7 25	1 22	2 29
11 D. 3	patrocin. Joseph	4 27	7 26	2 39	2 57
12 lun.	Ambroise, évêq.	4 25	7 28	3 57	3 23
13 mar.	Isidore, évêque	4 24	7 29	5 15	3 48
14 mer.	Pachome, abbé	4 22	7 30	6 31	4 16
15 jeudi	Erembert	4 21	7 32	7 45	4 46
16 vend	Jean Népomuc.	4 20	7 33	8 55	5 20
17 sam.	Annobert	4 18	7 34	9 59	5 58
18 D. 4	Ives, prêtre	4 17	7 36	10 55	6 43
19 lun.	Célestin, pape	4 16	7 37	11 43	7 35
20 mar.	Isidore, labour.	4 15	7 38	00 00	8 31
21 mer.	Baudil, martyr	4 14	7 39	0 23 *matin*	9 31
22 jeudi	Marie de Sinar.	4 13	7 41	0 56	10 33
23 vend	Didier, évêque	4 12	7 42	1 24	11 36
24 sam.	D. de B. Secours	4 10	7 43	1 49	0 39 *soir*
25 D. 5	Urbain, pape	4 09	7 44	2 11	1 42
26 lun.	ROGATIONS	4 08	7 45	2 33	2 47
27 mar.	Philippe de Néri	4 07	7 46	2 54	3 52
28 mer.	Germain, évêque	4 07	7 48	3 17	4 59
29 jeudi	ASCENSION	4 06	7 49	3 43	6 09
30 vend	Emilie, vierge	4 05	7 50	4 13	7 20
31 sam.	Flour, évêque	4 04	7 51	4 48	8 29

N.L. le 1, à 9h. 11m. du m. — P.Q le 8, à 1h. 43m. du soir. — P.L. le 15, à 8h. 14m. du m
D.Q. le 23, à 1 h. 14 m. du m. — N. L. le 30, à 8 h. 56 m. du soir.

Si l'on veut essayer la culture du maïs pour graine, on ne doit pas laisser passer les premiers jours de MAI ; car plus tard il n'arriverait pas à maturité.

Semer les haricots et le chanvre, qui ne prospèrent que sur une terre riche et profonde.

On peut semer dans ce mois des vesces pour fourrage.

On plante encore des pommes de terre ; on herse celles qui ont été plantées dans le mois précédent, lorsqu'elles commencent à sortir de terre. Cette opération produira un bon résultat, si les dents de la herse ne pénètrent pas assez profondément pour déranger les tubercules.

Echardonner les blés.

Plâtrer les vesces de printemps, lorsque la plante commence à couvrir le terrain.

On continue les labours de jachère ou pour rave.

C'est dans ce mois que l'on commence à nourrir le bétail au vert.

La distribution de la nourriture verte aux bestiaux exige de grandes précautions, surtout s'il s'agit de la luzerne, du trèfle et de quelques autres plantes de la même famille : la météorisation ou gonflement résulte souvent de la négligence avec laquelle on donne ces fourrages en trop grande quantité, quand ils sont jeunes ou mouillés. Dans ce dernier cas surtout on doit donner peu à la fois et faire manger de la paille en même temps.

Biner et sarcler les récoltes qui en sont susceptibles.

Sur les premières vesces fauchées en vert, on peut semer de quinze jours en quinze jours du maïs et du sarrasin pour fourrage.

C'est le moment de réparer les toitures des granges et fenils, les chemins, etc.; les manœuvres ne sont pas encore pressés par le travail, et les journées sont longues.

Pendant ce mois les jours croissent de 16 m., savoir : de 3 m. le matin et de 13 le soir.		SOLEIL.		LUNE.	
		Lever.	Coucher.	Lever.	Coucher.
Jours.	Saints.	h. m.	h. m.	h. m.	h. m.
1 D. 6	Potbin, év. m.	4 04	7 52	5 32 *matin*	9 34 *soir*
2 lun.	Blandine, v. m.	4 03	7 53	6 26	10 31
3 mar.	Marcellin, m.	4 02	7 54	7 29	11 18
4 mer.	Pierre, martyr	4 01	7 55	8 40	11 58
5 jeudi	Clotilde, veuve	4 01	7 55	9 54	12 00
6 vend	Claude, évêque	4 00	7 56	11 10	0 32 *matin*
7 sam.	Gilbert	4 00	7 57	0 27 *soir*	1 01
8 Dim.	PENTECOTE	3 59	7 58	1 44	1 27
9 lun.	Pélagie	3 59	7 59	3 00	1 54
10 mar.	Landri	3 59	7 59	4 15	2 20
11 mer.	*Quatre Temps*	3 58	8 00	5 28	2 47
12 jeudi	Olympie	3 58	8 01	6 39	3 17
13 vend	Servais, Médulf	3 58	8 01	7 46	3 53
14 sam.	Rufin, martyr.	3 58	8 02	8 46	4 35
15 D. 1	LA TRINITÉ	3 58	8 02	9 37	5 23
16 lun.	Jean-Franç. R.	3 58	8 03	10 20	6 18
17 mar.	Avit, abbé	3 58	8 03	10 56	7 17
18 mer.	Barnabé, apôtr	3 58	8 04	11 27	8 19
19 jeudi	FETE-DIEU	3 58	8 04	11 53	9 22
20 vend	Silvestre, pape	3 58	8 04	12 00	10 25
21 sam.	Louis de Gonzag	3 58	8 05	0 16 *matin*	11 27
22 D. 2	Paulin, évêque	3 58	8 05	0 37	0 31 *soir*
23 lun.	Achace, martyr	3 58	8 05	0 58	1 36
24 mar.	JEAN-BAPTISTE	3 59	8 05	1 19	2 42
25 mer.	Prosper	3 59	8 05	1 43	3 51
26 jeudi	Cœur de Marie	3 59	8 05	2 11	5 00
27 vend	Cœur de Jésus	4 00	8 05	2 45	6 10
28 sam.	Irénée, évêque	4 00	8 05	3 25	7 18
29 D. 3	PIERRE et PAUL	4 01	8 05	4 14	8 20
30 lun.	Ostien	4 01	8 05	5 14	9 14

P. Q. le 6, à 6 h. 37 m. du soir.   D. Q. le 21, à 6 h. 44 m. du soir.
P. L. le 13, à 6 h. 53 m. du soir.   N. L. le 29, à 6 h. 34 m. du mat.

L'époque des grands travaux approche ; le cultivateur doit se hâter de mettre le temps à profit pour faire les réparations aux chemins, pour transporter les bois de construction et de chauffage, les pierres à bâtir; pour réparer les granges et fenils qui sont vides.

Labourer pour les raves et colzas sur jachère.

Biner et sarcler avec soin les récoltes sarclées; ne laisser dans ces cultures aucune porte-graines de plantes nuisibles.

Butter les pommes de terre. — Tondre les moutons.

Mettre la faulx dans les prairies naturelles et artificielles, dès que le plus grand nombre des bonnes plantes qui les composent, commencent à entrer en pleine floraison. Le cultivateur de nos pays ne sait pas assez quel préjudice il se porte en fauchant trop tard. Les foins deviennent durs, peu nutritifs, et si une longue pluie surprend une prairie dont la fauchaison est tardive outre mesure, comme il n'arrive que trop souvent, ils se détériorent au point de n'avoir guère plus de valeur que la paille.

Les femmes qui font de la dentelle, sont très utiles pour presser avec vigueur la récolte des foins.

Elles quittent avec plaisir leur carreau pour les travaux des champs, qui leur offrent plus de gain ; elles le reprennent dès que les pluies arrivent, avantage qui procure à volonté un plus grand nombre de travailleuses.

Une pareille méthode deviendrait stérile entre les mains d'un cultivateur qui ne se tiendrait pas à la tête de sa besogne, et laisserait se glisser les abus.

JUILLET — signe, le Lion.

Pendant ce mois les jours décroissent de 56 m., savoir : de 30 le matin et de 26 le soir.	SOLEIL.		LUNE.	
	Lever.	Coucher	Lever.	Coucher.

Jours.	Saints.	h. m.	h. m.	h. m.	h. m.
1 mar.	Gal, évêque	4 02	8 05	6 24 matin	9 58 soir
2 mer.	VISITATION	4 02	8 04	7 39	10 34
3 jeudi	Martial, évêq.	4 03	8 04	8 57	11 05
4 vend	Anatole	4 04	8 04	10 16	11 33
5 sam.	Zoé, martyre	4 04	8 03	11 33	11 59
6 D. 4	Bertrand	4 05	8 03	0 48 soir	12 00 matin
7 lun.	Thomas de Cant	4 06	8 03	2 03	0 25
8 mar.	Procope	4 07	8 02	3 16	0 52
9 mer.	Benoît, abbé	4 08	8 02	4 27	1 21
10 jeudi	Sept fils de Fél.	4 09	8 01	5 34	1 53
11 vend	Déd. égl. du Puy	4 09	8 00	6 36	2 32
12 sam.	Antoine de Pad.	4 10	8 00	7 30	3 16
13 D. 5	Déd. égl. du dioc	4 11	7 59	8 17	4 06
14 lun.	Dominius, mart	4 12	7 58	8 57	5 03
15 mar.	Henri, emper.	4 13	7 57	9 29	6 04
16 mer.	D. du Mont Carm	4 14	7 56	9 56	7 07
17 jeudi	Alexis	4 15	7 56	10 20	8 11
18 vend	Vincent de Paul	4 17	7 55	10 42	9 15
19 sam.	Symphorien	4 18	7 54	11 02	10 18
20 D. 6	Marguerite, m.	4 19	7 53	11 23	11 20
21 lun.	Bonaventure, é	4 20	7 52	11 46	0 24 soir
22 mar.	Marie Madelène	4 21	7 51	12 00 matin	1 30
23 mer.	Sigolène, veuve	4 22	7 49	0 11	2 39
24 jeudi	Félix, martyr	4 24	7 48	0 40	3 49
25 vend	Jacques Zébédé	4 25	7 47	1 15	4 59
26 sam.	Anne, Joachim	4 26	7 46	2 01	6 04
27 D. 7	Pantaléon, m.	4 27	7 45	2 56	7 02
28 lun.	Lazare, hôte de J	4 29	7 43	4 02	7 51
29 mar.	Marthe et Marie	4 30	7 42	5 17	8 32
30 mer.	Germain, évêq.	4 31	7 41	6 37	9 06
31 jeudi	Ignace de Loyola	4 32	7 39	7 58	9 35

P. Q. le 5, à 11 h. 17 m. du soir. D. Q. le 21, à 10 h. 49 m. du mat.
P. L. le 13, à 7 h. 23 m. du mat. N. L. le 28, à 2 h. 50 m. du soir.

Continuer la récolte des foins en **JUILLET**.

Semer la rave dès que le temps est propice ; les premiers semis sont généralement les meilleurs, à égale condition.

Récolter le matin ou le soir, à la rosée, le colza, que nous nommons improprement *navet* ou *navette*. La navette est également une plante oléifère qui n'est pas, que je sache, cultivée dans nos pays. On doit éviter de laisser arriver le colza à trop grande maturité, sinon on en perd une grande quantité.

Moissonner le seigle.

Après le seigle et le colza, on peut dans certains cantons obtenir du sarrasin en seconde récolte.

Labourer et herser les jachères.

Finir le sarclage des récoltes sarclées.

Semer le colza environ vers la dernière quinzaine de juillet, et ne pas dépasser la première quinzaine d'août.

L'observation faite pour les raves est également applicable aux colzas.

La moisson de toutes les céréales est ordinairement la grande occupation de la fin de juillet.

Semer, dès que c'est possible, les raves en seconde récolte.

Faire pâturer les vaches et les moutons sur les chaumes ; déchaumer les champs, c'est à dire les labourer aussitôt après la levée des récoltes, est une opération très recommandable qui a pour but de déterminer la germination des mauvaises graines, et d'en faciliter la destruction par les labours suivants.

Pendant ce mois les jours dé-croissent d'1 h. 36 m., savoir: de 42 m. le mat. et de 54 le soir.		SOLEIL.		LUNE.	
		Lever.	Coucher	Lever.	Coucher.
Jours.	Saints.	h. m.	h. m.	h. m.	h. m.
1 vend	Pierre aux liens	4 34	7 38	9 18 matin	10 01 soir
2 sam.	Alph. de Liguori	4 35	7 36	10 36	10 27
3 D. 8	Stéphane, évêq	4 36	7 35	11 52	10 54
4 lun.	Dominique, pr.	4 38	7 33	1 06 soir	11 23
5 mar.	Marie aux Nège	4 39	7 32	2 18	11 55
6 mer.	*Transfiguration*	4 40	7 30	3 26	12 00 matin
7 jeudi	Sixte, pape	4 42	7 29	4 30	0 32
8 vend	Cayétan, prêtre	4 43	7 27	5 26	1 15
9 sam.	Romain, mart.	4 45	7 25	6 14	2 04
10 D. 9	Laurent, mart.	4 46	7 24	6 54	2 59
11 lun.	Suzane, chaste	4 47	7 22	7 28	3 58
12 mar.	Claire, vierge	4 49	7 20	7 58	4 59
13 mer.	Radegonde, veu	4 50	7 19	8 23	6 01
14 jeudi	*vigile et jeûne*	4 52	7 17	8 44	7 04
15 vend	ASSOMPTION	4 53	7 15	9 06	8 08
16 sam.	Roch, juste	4 54	7 13	9 27	9 11
17 D.10	Carloman	4 56	7 11	9 47	10 15
18 lun.	Hélène, impér.	4 57	7 10	10 09	11 20
19 mar.	Louis, évêque	4 59	7 08	10 36	0 26 soir
20 mer.	Bernard, abbé	5 00	7 06	11 08	1 32
21 jeudi	JeanneF. deCh.	5 01	7 04	11 49	2 39
22 vend	Philibert, abbé	5 03	7 02	12 00	3 44
23 sam.	Symphorien, m	5 04	7 00	0 39 matin	4 45
24 D.11	Barthélemi, ap	5 06	6 58	1 39	5 49
25 lun.	Louis, roi des F	5 07	6 56	2 49	6 24
26 mar.	Privat, év. m.	5 09	6 54	4 08	7 02
27 mer.	Césaire, év. doct	5 10	6 52	5 30	7 34
28 jeudi	Augustin, é. doc	5 11	6 50	6 52	8 03
29 vend	J. Bapt. décollé	5 13	6 48	8 13	31
30 sam.	Julien de Brioud	5 14	6 46	9 34	5 9
31 D.12	Loup, évêque	5 16	6 44	10 52	27

P. Q. le 4, à 5 h. 17 m. du mat. | D. Q. le 20, à 1 h. 8 m. du mat.
P. L. le 11, à 9 h. 52 m. du soir. | N. L. le 26, à 10 h. 29 m. du soir.

On apprécie généralement dans nos pays la méthode
de moissonner les céréales, et principalement le froment, avant leur parfaite maturité : on évite ainsi la
perte occasionnée par l'égrainage, et le grain est de
meilleure qualité pour la mouture. C'est le moment de
déployer la plus grande activité pour éviter le dommage
causé par les pluies, surtout pour l'orge, qui est, de
toutes les céréales, celle qui germe plus facilement ;
l'avoine, au contraire, reçoit avec avantage une ou
deux ondées de pluie dans la huitaine de sa moisson.

Notre méthode de mettre les gerbes en *pignon* dans
les champs, les met plus vi'e à l'abri du mauvais temps ;
le grain acquiert dans ces meules toute sa perfection.
On rentre la récolte dans les granges, quand le temps
n'est plus pressé.

Il est important de ne pas dépasser la première, et
surtout la dernière quinzaine du mois, pour les semis
de colza.

Récolter le chanvre.

Semer, le trèfle incarnat dans la dernière quinzaine
du mois au plus tard. Bien des essais de cette plante
dans nos pays n'ont pas réussi, pour avoir été faits
trop tard. Les semis faits avec la graine qui n'a pas été
débarrassée de son enveloppe, sont d'une réussite plus
assurée. Le trèfle incarnat forme un fourrage précieux
au printemps, en raison de sa précocité ; mais il sera
rarement profitable de le semer dans l'intention de
faire du foin, parce qu'il est, sous ce rapport, inférieur
aux vesces et aux jarousses.

SEPTEMBRE. — signe, la Balance.

<table>
<tr><td colspan="2" rowspan="2">Pendant ce mois les jours dé-croissent d'1 h. 43 m., savoir : de 42 m. le mat. et d'1 h. 1 m. le soir</td><td colspan="2">SOLEIL.</td><td colspan="2">LUNE.</td></tr>
<tr><td>Lever.</td><td>Coucher</td><td>Lever.</td><td>Coucher.</td></tr>
<tr><td>Jours.</td><td>Saints.</td><td>h. m.</td><td>h. m.</td><td>h. m.</td><td>h. m.</td></tr>
<tr><td>1 lun.</td><td>Egidius, abbé</td><td>5 17</td><td>6 42</td><td>0 soir 07</td><td>9 soir 57</td></tr>
<tr><td>2 mar.</td><td>Just, évêque</td><td>5 18</td><td>6 40</td><td>1 19</td><td>10 31</td></tr>
<tr><td>3 mer.</td><td>Grégoire le Gr.</td><td>5 20</td><td>6 38</td><td>2 24</td><td>11 12</td></tr>
<tr><td>4 jeudi</td><td>Rosalie, v. m.</td><td>5 21</td><td>6 36</td><td>3 22</td><td>11 59</td></tr>
<tr><td>5 vend</td><td>Bertin, abbé</td><td>5 23</td><td>6 34</td><td>4 13</td><td>12 matin 00</td></tr>
<tr><td>6 sam.</td><td>Pierre, abbé</td><td>5 24</td><td>6 32</td><td>4 55</td><td>0 52</td></tr>
<tr><td>7 D.13</td><td>Cloud, évêque</td><td>5 26</td><td>6 30</td><td>5 32</td><td>1 50</td></tr>
<tr><td>8 lun.</td><td>Nativit.de la V</td><td>5 27</td><td>6 28</td><td>6 03</td><td>2 51</td></tr>
<tr><td>9 mar.</td><td>Gorgonius, m.</td><td>5 28</td><td>6 26</td><td>6 28</td><td>3 54</td></tr>
<tr><td>10 merc</td><td>Pulchérie</td><td>5 30</td><td>6 24</td><td>6 51</td><td>4 58</td></tr>
<tr><td>11 jeudi</td><td>Marcel, évêque</td><td>5 31</td><td>6 21</td><td>7 12</td><td>6 01</td></tr>
<tr><td>12 vend</td><td>Frodoald</td><td>5 33</td><td>6 19</td><td>7 32</td><td>7 04</td></tr>
<tr><td>13 sam.</td><td>Euloge</td><td>5 34</td><td>6 17</td><td>7 53</td><td>8 07</td></tr>
<tr><td>14 D.14</td><td>Exalt. de la †</td><td>5 35</td><td>6 15</td><td>8 16</td><td>9 11</td></tr>
<tr><td>15 lun.</td><td>Nom de MARIE</td><td>5 37</td><td>6 13</td><td>8 41</td><td>10 15</td></tr>
<tr><td>16 mar.</td><td>Corneille. Cypr</td><td>5 38</td><td>6 11</td><td>9 10</td><td>11 20</td></tr>
<tr><td>17 merc</td><td>Quatre Temps</td><td>5 40</td><td>6 09</td><td>9 46</td><td>12 soir 25</td></tr>
<tr><td>18 jeudi</td><td>Ferréol, mart.</td><td>5 41</td><td>6 07</td><td>10 30</td><td>1 30</td></tr>
<tr><td>19 vend</td><td>Raphael, archa</td><td>5 43</td><td>6 04</td><td>11 22</td><td>2 31</td></tr>
<tr><td>20 sam.</td><td>Eustache, mart</td><td>5 44</td><td>6 02</td><td>12 matin 00</td><td>3 27</td></tr>
<tr><td>21 D.15</td><td>Matthieu, apôtr</td><td>5 45</td><td>6 00</td><td>0 matin 25</td><td>4 16</td></tr>
<tr><td>22 lun.</td><td>Maurice, mart.</td><td>5 47</td><td>5 58</td><td>1 39</td><td>4 55</td></tr>
<tr><td>23 mar.</td><td>Thècle, v.mart.</td><td>5 48</td><td>5 56</td><td>2 58</td><td>5 28</td></tr>
<tr><td>24 mer.</td><td>Thyrsis, mart.</td><td>5 50</td><td>5 54</td><td>4 19</td><td>5 59</td></tr>
<tr><td>25 jeudi</td><td>Firmin,Lin,év.</td><td>5 51</td><td>5 52</td><td>5 41</td><td>6 28</td></tr>
<tr><td>26 vend</td><td>Cosme et</td><td>5 53</td><td>5 50</td><td>7 05</td><td>6 55</td></tr>
<tr><td>27 sam.</td><td>Damien, mart.</td><td>5 54</td><td>5 47</td><td>8 27</td><td>7 22</td></tr>
<tr><td>28 D.16</td><td>D. des sept Doul</td><td>5 56</td><td>5 45</td><td>9 46</td><td>7 52</td></tr>
<tr><td>29 lun.</td><td>Michel, archan.</td><td>5 57</td><td>5 43</td><td>11 02</td><td>8 27</td></tr>
<tr><td>30 mar.</td><td>Jérome, doct.</td><td>5 59</td><td>5 41</td><td>12 soir 13</td><td>9 08</td></tr>
</table>

P. Q. le 2, à 2 h. 2 m. du soir. | D. le 18, à 1 h. 38 m. du soir.
P. L. le 10, à 1 h. 53 m. du soir. | N. L. le 25, à 6 h. 21 m. du mat.

Récolter les féveroles. La paille de cette légumineuse n'est pas généralement dans nos pays estimée à sa valeur ; cependant, lorsqu'on la récolte avant la parfaite maturité des grains, et qu'elle ne s'est pas détériorée par une longue prolongation de séjour sur le terrain, cette paille forme une bonne nourriture pour le bétail.

On ne doit pas négliger de faire les regains des prairies naturelles et artificielles dès qu'ils sont prêts. La dessication en deviendra de jour en jour plus lente et plus difficile. Ces regains seront d'autant meilleurs qu'on aura eu plus de soin de les mettre en tas pour les garantir de la pluie et de la rosée, qui les endommagent toujours. Si l'on a de la paille fraîchement battue, c'est une excellente pratique de la mélanger avec le regain. — Semer les seigles.

On doit observer que plus la semaille des céréales est hâtive et la terre bien préparée, moins grande doit être la quantité de semence qu'on emploie.

Semer les vesces et jarousses d'hiver. On mêle ordinairement avec ces légumineuses, quand on les destine à être consommées en vert, un quart de seigle pour soutenir leurs tiges, qui tendent à verser.

Semer les pois gris *(pesi hivernaux)*, qu'on a souvent le tort d'associer pour fourrage aux vesces et jarousses. Cette plante ne souffre pas, comme ces dernières, de retard dans la fauchaison ; car alors sa tige devient si dure, que les bestiaux la rebutent. Ce qui occasionne le dégât, non seulement de cette plante, mais encore des autres. — Engraissement des bœufs, moutons.

Semer le froment vers la fin du mois.

OCTOBRE. — signe, le Scorpion.

Pendant ce mois les jours décroissent d'1 h. 44 m., savoir : de 46 m. le matin et de 58 le soir.		SOLEIL.		LUNE.	
		Lever	Coucher	Lever.	Coucher.
Jours.	Saints.	h. m.	h. m.	h. m.	h. m.
1 mer.	Remi , évêque	6 00	5 39	1 soir. 16	9 soir. 54
2 jeudi	Anges Gardiens	6 01	5 37	2 soir. 11	10 soir. 46
3 vend	Trophime, évêq	6 03	5 35	2 56	11 43
4 sam.	François d'Ass.	6 04	5 33	3 34	12 matin. 00
5 D.17	Rosaire de Mar	6 06	5 30	4 06	0 matin. 43
6 lun.	Bruno, moine	6 07	5 28	4 33	1 matin. 45
7 mar.	Foi , vierge m.	6 09	5 26	4 56	2 48
8 mer.	Enimie, vierge	6 10	5 24	5 17	3 50
9 jeudi	Denys, évêque	6 12	5 22	5 37	4 53
10 vend	Firmin, Paulin	6 13	5 20	5 58	5 58
11 sam.	Venant, Nicaise	6 15	5 18	6 20	7 03
12 D.18	Colète , vierge	6 16	5 16	6 44	8 08
13 lun.	Géraud , juste	6 18	5 14	7 11	9 14
14 mar·	Calliste, pape	6 19	5 12	7 43	10 21
15 mer.	Térèse , vierge	6 21	5 10	8 23	11 25
16 jeudi	Maimbœuf	6 23	5 08	9 12	12 26
17 vend	Florentin , év.	6 24	5 06	10 11	1 soir. 22
18 sam.	Luc, évangél.	6 26	5 04	11 18	2 soir. 10
19 D.19	Sacerdoce de J C	6 27	5 02	12 00	2 51
20 lun.	Caprais, mart.	6 29	5 01	0 matin 32	3 27
21 mar.	Ursule, v. mart	6 30	4 59	1 matin 50	3 58
22 mer.	Hilarion , abbé	6 32	4 57	3 11	4 25
23 jeudi	Mellon	6 33	4 55	4 33	4 53
24 vend	Fronton , évêq.	6 35	4 53	5 55	5 20
25 sam.	Crépin, martyr	6 37	4 51	7 16	5 49
26 D.20	Crépinian , m.	6 38	4 49	8 37	6 22
27 lun.	Evariste	6 40	4 48	9 54	7 00
28 mar.	Simon, Jude, ap	6 41	4 46	11 03	7 43
29 mer.	Quintin , mart.	6 43	4 44	12 soir. 04	8 34
30 jeudi	Léon, pape doc.	6 45	4 42	0 soir. 54	9 31
31 vend	Vigile et jeûne	6 46	4 41	1 56	10 31

P.Q. le 2, à 2 h. 39 m. du matin. — P L. le 10, à 6h. 42m. du matin. — D.Q. le 18, à 22m. du matin. — N.L. le 24, à 3h. 19m. du soir. — P.Q. le 31, à 7 h. 27m. du soir.

C'est en **OCTOBRE** principalement qu'on fait les semailles du froment. On ne doit pas négliger de le chauler, pour le garantir de la carie *(fromen niouva)*. Cette méthode, usitée dans le pays, est assez bonne; cependant[l'on] pourrait lui substituer avec avantage le sulfatage, qui est regardé à juste titre comme un des préservatifs les plus énergiques de la carie. On ne doit pas négliger, lors des semailles d'automne, de tracer dans les champs des sillons d'écoulement.

Le cultivateur doit se hâter de faire la récolte des pommes de terre; car il est probable que la maladie fera moins de ravages sur les premières récoltées que sur celles qui auront souffert les longues pluies d'automne.

Récolter les carottes et les betteraves.

Un pâturage *modéré* sur une prairie artificielle bien venue et vigoureuse ne peut guère lui être nuisible, et présente une grande ressource. Cependant il sera prudent de s'en abstenir sur celles qui laissent à désirer sous le rapport de la végétation.

On vante beaucoup une nouvelle manière de plâtrer les trèfles, dont un agriculteur distingué de nos pays a obtenu d'excellents résultats. On divise la quantité de plâtre qu'on destine à sa prairie artificielle, en deux parts, dont l'une est semée en automne, et la seconde au printemps. Le plâtrage d'automne donne au trèfle une vigueur qui lui fait supporter plus facilement les rigueurs de l'hiver. Il est probable que ce plâtrage est d'autant plus efficace, qu'il est fait plus tôt.

NOVEMBRE. signe, le Sagittaire.

Pendant ce mois les jours dé-croissent d'1 h. 18 m., savoir : de 44 m. le mat. et de 34 le soir.		SOLEIL.				LUNE.			
		Lever.		Coucher		Lever.		Coucher.	
Jours.	Saints.	h.	m.	h.	m.	h.	m.	h.	m.
1 sam.	TOUSSAINT	6	48	4	39	2 soir 10		11	34
2 D.21	Marcel	6	49	4	37	2 . 38		12 matin 00	
3 lun.	les Trépassés	6	51	4	36	3	02	0 38	
4 mar.	Charles Borrom	6	53	4	34	3	23	1 41	
5 mer.	Bertile, vierge	6	54	4	33	3	44	2	45
6 jendi	Léonard	6	56	4	31	4	04	3	49
7 vend	Wilbrod	6	57	4	30	4	25	4	53
8 sam.	les Reliques	6	59	4	28	4	48	5	58
9 D.22	Amant, évêque	7	01	4	27	5	14	7	04
10 lun.	George, apôtre	7	02	4	25	5	45	8	11
11 mar.	Martin, évêque	7	04	4	24	6	22	9	18
12 merc	Evode, év. du P.	7	05	4	23	7	08	10	22
13 jeudi	Stanislas, juste	7	07	4	21	8	04	11	20
14 vend	Agrippa (transl)	7	09	4	20	9	08	12 soir 12	
15 sam.	Malo, Eugène	7	10	4	19	10	18	0 . 54	
16 D.23	Edme, Eucher	7	12	4	17	11	33	1	28
17 lun.	Odon, Agnan	7	13	4	16	12 matin 00		1	58
18 mar.	Théofrède, abb.	7	15	4	15	0 . 51		2	26
19 merc	Elisabeth, veuv	7	16	4	14	2 . 10		2	53
20 jeudi	Eudes, abbé	7	18	4	13	3	29	3	18
21 vend	PRÉSENTATION	7	19	4	12	4	48	3	44
22 sam.	Cécile, music.	7	21	4	11	6	08	4	14
23 D.24	Clément, pape	7	22	4	10	7	27	4	49
24 lun.	Grégoire Taum	7	24	4	09	8	42	5	31
25 mar.	Catherine, v. m	7	25	4	08	9	48	6	20
26 merc	Lin, pape mart	7	27	4	08	10	46	7	15
27 jeudi	Pierre d'Alexan	7	28	4	07	11	33	8	16
28 vend	Saturnin, év. m	7	30	4	06	12 soir 09		9	21
29 sam.	Sosthène	7	31	4	05	0 . 39		10	25
30 D. 1	AVENT	7	32	4	05	1	05	11	29

P. L. le 8, à 11 h. 31 m. du soir. | N. L. le 23, à 2 h. 16 m. du matin

D. Q. le 16, à 9 h. 31 m. du mat. | P. Q. le 30, à 3 h. 36 m. du soir.

Lorsque les pluies ou toute autre circonstance force le cultivateur à faire encore en **NOVEMBRE** des semailles de céréales, il doit augmenter la quantité de semence, parce que les grains lèvent plus difficilement quand la saison est avancée.

Ce n'est guère que dans ce mois qu'on récolte les raves et quelquefois les carottes et les betteraves. Ces racines ont végété jusqu'à ce jour, et d'ailleurs elles se conservent plus longtemps lorsqu'elles sont emmagasinées par un temps froid. Cependant on doit craindre de les laisser surprendre par de grandes pluies, qui rendraient la récolte difficile, ou par des gelées, qui pourraient les détruire, surtout les carottes et les betteraves, qui sont infiniment plus sensibles à ce dernier accident. C'est le moment de faire le choix des porte-graines.

On commence à battre les grains. Les gerbes que l'on conserve, donneront de l'occupation pour les mauvais jours, mais seront grandement endommagées par les rats.

Epierrer les trèfles, luzernes, quand le temps n'est pas humide : on peut continuer ce travail dans les mois suivants. Le cultivateur qui néglige cet épierrement, éprouve beaucoup de perte à la coupe des fourrages, à cause des difficultés que les pierres opposent à la marche de la faulx.

Visiter dans les champs les sillons d'écoulement.

Saigner les sols humides par des coulisses ou sacs de pierres (*choussades, razes spiriades*), qu'un cultivateur soigneux placera toujours en dessous de l'action de la charrue ou de la bêche. Ces coulisses d'ailleurs, contrairement à un préjugé assez commun dans nos pays, auront un tirage d'autant plus actif ; qu'elles seront placées plus profondément.

On ne doit pas tarder à faire les labours d'hiver.

Pendant ce mois les jours dé-croissent de 22 m. le matin et de 3 le s. Du 15 au 31 ils cr. de 9 m.

Jours.	Saints.	SOLEIL Lever h. m.	SOLEIL Coucher h. m.	LUNE Lever h. m.	LUNE Coucher h. m.
1 lundi	André, apôtre	7 34	4 04	1 28 (soir)	0 00 (matin)
2 mar.	Franç. Xavier	7 35	4 04	1 49	0 32
3 merc	Délivr.deshérét	7 36	4 03	2 09	1 35
4 jeudi	Barbe, v. mart	7 38	4 03	2 29	2 39
5 vend	Sabas, abbé	7 39	4 02	2 51	3 45
6 sam.	Nicolas, évêque	7 40	4 02	3 15	4 52
7 D. 2	Ambroise,év.d.	7 41	4 02	3 43	6 01
8 lund	CONCEPT. IMMAC	7 42	4 02	4 18	7 08
9 mar.	Léocadie	7 43	4 01	5 02	8 13
10 merc	Valérien,mart.	7 44	4 01	5 55	9 14
11 jeudi	Damase, pape	7 45	4 01	6 58	10 09
12 vend	Melchiade	7 46	4 01	8 09	10 54
13 sam.	Lucie, v. mart	7 47	4 01	9 24	11 31
14 D. 3	Odin, Nicaise	7 48	4 01	10 40	12 03 (soir)
15 lund	Mémin. Eusèbe	7 49	4 01	11 57	0 32
16 mar.	Adélaïde	7 50	4 02	12 00 (matin)	0 58
17 merc	Quatre Temps	7 50	4 02	1 14	1 22
18 jeudi	Zozime, veuve	7 51	4 02	2 31	1 46
19 vend	Meuris, vierge	7 52	4 02	3 48	2 12
20 sam.	Philogone	7 53	4 03	5 04	2 43
21 D. 4	George (transl.)	7 53	4 03	6 19	3 21
22 lund	Thomas, apôtr	7 54	4 04	7 29	4 07
23 mar.	Flavien	7 54	4 04	8 30	5 00
24 merc	vigile et jeûne.	7 55	4 05	9 23	5 59
25 jeudi	NOEL	7 55	4 05	10 07	7 02
26 vend	Etienne, pr. m.	7 55	4 06	10 42	8 03
27 sam.	Jean, ap.évang	7 56	4 07	11 09	9 13
28 Dim.	les Innocents	7 56	4 08	11 33	10 17
29 lund	Trophime	7 56	4 09	11 54	11 20 (matin)
30 mar.	Colombe, vierg	7 56	4 09	12 14 (soir)	12 00 (matin)
31 merc	Silvestre, pape	7 56	4 10	0 33 (soir)	0 23 (matin)

P. L. le 8, à 3 h. 37 m. du soir. | N. L. le 22, à 3 h. 43 m. du s.
D. Q. le 15, à 5 h. 35 m. du soir. | P. Q. le 30, à 1 h. 24 m. du s.

Il est rare que le temps permette au cultivateur de faire en **DÉCEMBRE** de grands travaux continus, et il est à regretter qu'on suive dans trop peu de nos fermes l'exemple des pays vraiment industrieux : ceux-ci ont toujours à côté des soins de la culture une occupation accessoire qui met le temps à profit. Un métier à tisser, un atelier de charronage, la confection des échelles, des claies, etc.¹, utiliseraient les loisirs du cultivateur. Il faut du moins se hâter de battre les grains ; mais si les rigueurs de la saison s'apaisent momentanément, profitez en vite ; labourez tant que faire se peut : tout ce qu'on fait maintenant, est gagné pour le printemps, où tout presse.

La perfection et les beaux résultats du travail à la bêche sont connus partout. Béchez pour les lentilles : on sait que, si peu que le temps aide, elles paieront largement les déboursés. Béchez quelques cartonées en bonne terre dans un fonds de champ pour semer des carottes et betteraves au printemps : bœufs, chevaux, cochons et moutons, et vos bêtes d'élève, et vos vaches à lait, se trouveront à merveille de l'introduction de ces cultures nouvelles.

Béchez pour une partie de vos pommes de terre : dans un terrain béché et peu ou point fumé peut-être se garantiront-elles mieux de la maladie, qui fait depuis plusieurs années des ravages d'une gravité trop connue.

Il faut un temps bien mauvais pour qu'un bon ouvrier armé d'une bêche à deux dents renonce à travailler.

Par les fortes gelées portez le fumier dans les champs.

Si vous ne l'épandez pas de suite, disposez-le en gros tas bien montés, bien retroussés : de cette manière il se conservera mieux.

Dans les pays pierreux, le char qui a porté du fumier, doit emporter du champ une charretée de pierres.

Poussez les engraissements. — Quand vous faites cuire au chaudron, mélangez de suite (avec la pâte de pomme de terre et de légumes la farine que vous voulez donner aux bêtes : par la cuisson elle gonflera dans le mélange, et sera plus nourrissante.

AGENDA MUNICIPAL.

JANVIER.

Le 1er.   Instruction publique : Remise de la feuille de rétribution à l'instituteur.

Du 1er au 4.   Contributions directes : Visa et publication des rôles.

     État civil : Dépôt des doubles registres au greffe du tribunal.

     Recrutement : Formation des tableaux de recensement.

     Répertoire : Visa par le receveur de l'enregistrem.

Le dim. 5.   Conseil de Fabrique, première session.

Du 1er au 10.   Électeurs communaux : Révision des listes électorales.

Le 15.   Électeurs communaux : Dépôt à la Mairie du tableau rectificatif ; Envoi au sous-préfet avec les justifications voulues.

     Mercuriales.

Le 22 et le 29.   Recrutement : Première et deuxième publication des tableaux de recensement.

Dans le mois.   Vicinalité : Commencement des prestations.

     État civil : Confection des tables annuelles des registres ; Transmission au receveur de l'enregestrement du relevé des décès survenus dans le trimestre écoulé.

Du 20 au 31.   Conseil Municipal : Convocation pour la session de février.

Le 31.   Mercuriales.

FÉVRIER

Le 1er.   Instruction publique (voir Janvier).
Du 1er au 5.   Échenillage : Arrêté qui le prescrit.
Du 1er au 15. Conseil Municipal, première session : Affaires générales et particulières.
Le 15   Mercuriales.
Le 20.   Recrutement : Examen des tableaux de recensem.
Dans le mois. Vicinalité : Travaux d'entretien ; Prestations en nature.
Fin du mois. Élagage.
Mercuriales.

MARS.

Le 1er.   Instruction publique, comme en Janvier.
Dans le mois. Chasse : Avis de la clôture.
Vicinalité : Visite des chemins vicinaux.
Répartiteurs : Propositions pour leur nomination.
Le 15 et le 31. Mercuriales.
Le 31.   Instituteurs primaires : Remise du mandat du trimestre écoulé.
Gardes champêtres : Paiement du traitement du trimestre écoulé
Contributions directes : Envoi à la Préfecture de la liste des plus fort imposés.
Électeurs communaux : Transmission du tableau de rectification au préfet.

AVRIL.

Le 1er.   Instruction publique (voir Janvier).

Du 1er au 10. Répertoire : Visa par le receveur de l'enregistrem.

Dans le mois. État civil : Transmission au receveur de l'enreg.
d'un relevé des décès survenus dans le trimestre écoulé.

Le 15 et le 30. Mercuriales.

Le dim. 27.   Conseil de Fabrique, deuxième session.

Le 30.   Conseil Municipal : Convocation à domicile pour
la deuxième session.

MAI.

Le 1er.   Instruction publique..... voir Janvier.

Du 1er au 15. Conseil Municipal , session la plus importante :
Vote des budgets.

Dans le mois. Vicinalité : Restaurations ; Approvisionnements.
Contributions directes : Tournée du contrôleur.
Chiens errants et enragés : Mesures de destruction.
Recrutement : Opérations du conseil de révision.

Le 15 et le 31. Mercuriales.

JUIN.

Le 1er.   Instruction publique.....
Le 15 et le 30. Mercuriales.

Le 30.   Instituteurs primaires : Remise du mandat du trimestre écoulé.

Gardes champêtres : Remise du mandat du trim.

JUILLET.

Le 1er.   Instruction publique (voir Janvier).
Du 1er au 10. Répertoire : Visa par le receveur de l'enregistrem.
Le dim. 6.   Conseil de Fabrique, troisième session.
Dans le mois. Conseil Municipal : Convocation pour la session d'août.

État civil : Transmission au receveur de l'enregistrement d'un relevé des décès survenus dans le trimestre écoulé.

Le 15 et le 31. Mercuriales.

AOUT.

Le 1er.   Instruction publique..... voir Janvier.
Du 1er au 15. Conseil municipal, troisième session : Tous les objets qui intéressent la commune ; Vote du budget pour les communes ayant plus de trente mille francs de revenu.

Jury : Désignation de deux conseillers municipaux pour la commission cantonale qui dresse la liste annuelle.

Dans le mois. Chasse : Avis de l'ouverture.
Le 31.   Mercuriales du mois entier.

SEPTEMBRE.

Le 1ᵉʳ.   Instruction publique..... voir Janvier.
Avant le 15. Juri : Publication et rectification de la liste.
            Tribunaux de Commerce : Formation de la liste
                des électeurs appelés à en nommer les membres.
Le 16.   — Transmission de cette liste au sous-préfet.
Le 15 et le 50. Mercuriales.
Dans le mois. État-civil. Transmission au sous-préfet de l'état
                des feuilles nécessaires pour les registres.
            Instituteurs primaires : Remise du mandat du tri-
                mestre écoulé.
            Gardes champêtres : Remise du mandat trimestriel.

OCTOBRE.

Le 1ᵉʳ.   Instruction publique.....
Du 1ᵉʳ au 10. Répertoire : Visa par le receveur de l'enregistr.
Le dim. 6. Conseil de Fabrique, quatrième session.
Dans le mois. État civil : Transmission au receveur de l'enre-
                gistrement d'un relevé des décès survenus dans
                le trimestre écoulé.
Avant la fin Juri : Transmission de la liste au préfet.
du mois.   Conseil Municipal : Convocation pour la session
                de novembre.
Le 51.   Mercuriales.

NOVEMBRE.

Le 1ᵉʳ,   Instruction publique.....

Du 1er au 10. Prestations : Publication des rôles.

Conseil Municipal, quatrième session : Vote des prestations non assurées dans les sessions précédentes.

Le 15 et le 30. Mercuriales.

DÉCEMBRE.

Le 1er. Instruction publique.....

Dans le mois. Prestations : Communication du registre des déclarations

Le 15 et le 31. Mercuriales.

Le 31. Instituteurs communaux et Gardes champêtres : Remise du mandat trimestriel.
État civil : Clôture des registres.

FOIRES.

Si ce sujet, écrit dans un livre comme celui-ci, pouvait comporter quelques réflexions philosophiques, nous remonterions à l'origine de nos transactions commerciales. Les envisageant au point de vue de nos lois, de nos institutions, nous irions à la recherche des causes qui ont amené la décadence si rapide de nos foires, et peut-être les trouverions-nous dans ces lois, dans ces institutions mêmes, qui tuent aujourd'hui tout ce qui a pour base la croyance et pour autorité le privilège.

Il y a trente ans environ la ville du Puy tenait des foires considérables, véritables fêtes en même temps qu'un objet sérieux de spéculation. Chaque jour la voit se dépouiller de ce monopole que lui assurait jadis la difficulté des communications, et que revendique aujourd'hui par la voix de ses délégués une cité voisine mieux favorisée sous le rapport de la viabilité.

L'administration, en établissant des foires dans des lieux qui en étaient dépourvus, a porté un coup mortel à celles du chef-lieu, si splendides, source si féconde de richesses. Ce n'est pas que ces nouvelles mesures ne soient marquées au coin de la plus stricte impartialité, et n'aient été dictées par un profond sentiment de justice; mais cette innovation, bonne en principe, n'a pas été heureuse en résultats pratiques dans notre département.

Au lieu de foires périodiques, mais rares, rachetant cette rareté par une affluence considérable d'animaux domestiques d'origine et d'espèce variées, d'un débouché facile et avantageux en raison de la multitude des amateurs, dont le nombre croît en proportion de l'importance même de ces foires, — aujourd'hui chaque chef-lieu de canton possède ce que nous appellerions volontiers un *marché*, où l'acheteur, agissant dans un cercle restreint et après un voyage long et pénible dans les montagnes, ne trouve pas toujours ce qui lui convient, et où, dans tous les cas, pour s'indemniser des frais de recherches infructueuses, il achète au rabais, faute de concurrence, imposant en quelque sorte son prix au vendeur.

De toutes les foires qui peuvent intéresser le cultivateur ou l'éleveur, celles du chef-lieu du département sont encore les plus importantes ; nous les classerons en première ligne.

FOIRES DE LA HAUTE-LOIRE EN GÉNÉRAL.

On y rencontre une foule innombrable de chevaux, de mules, que les conditions géologiques et climatériques du pays permettent d'élever à peu de frais et, par conséquent, de livrer à bas prix. La mule surtout est recherchée par l'habitant du midi, soit en raison de son bon marché, soit en raison de ses qualités, de son aptitude spéciale aux services que comportent les usages ou le site de ces pays ; le débouché en est si facile que nous sommes tributaires du Poitou en ce qui concerne la grande espèce.

La race chevaline s'améliore. Actuellement ses produits sont affectés au service des diligences, en attendant que le perfectionement de ses formes et une meilleure éducation la rendent propre au service de l'armée.

Son affluence le cède néanmoins à celle des bestiaux, parmi lesquels se distingue la race du Mézenc, dont la viande au grain fin, parfumée par les herbages odorants, fait les délices des meilleures tables de Lyon et de Marseille. On peut y faire un choix des bœufs travailleurs importés de la haute Auvergne, et auxquels la France doit les meilleurs sillons ; des vaches laitières, qui, eu égard à ce qu'elles consomment, ne laissent pas de donner de bons bénéfices ; des moutons très perfectibles quant à la toison, il est vrai, mais dont la viande est succulente ; enfin, des porcs au lard ferme, à la chair délicate, et dont le commerce lucratif est passé à l'état de proverbe dans le pays.

ARRONDISSEMENT DU PUY.

FOIRES DU CHEF-LIEU.

La Toussaint, 2 novembre.	Foire aux mules particulièrement, la plus considérable.
Notre-Dame, 26 mars.	Foire aux chevaux exclusivement.
Saint-Michel, 50 septembre.	Foire générale pour toute sorte d'animaux domestiques.
La Dédicace, 12 juillet.	Foire aux laines.
Saint-André, 4 décembre.	Foire générale, exposition première de la graisse.
Les Rois, 6 janvier.	Foire de la graisse exclusivement.

Foires des Chefs-lieux de Canton.

PRADELLES : 24 avril et 10 août ; affluence considérable de chevaux, de bestiaux.

SAUGUES : 22 juillet et 22 décembre ; laines et bestiaux.

ALLÉGRE : 12 novembre ; foire générale.

3 *

MONASTIER : 19 novembre, premier mardi de carême (11 mars),
mardi de la mi-carême (25 mars) ; exhibition
considérable de bestiaux gras.

LAUSSONNE : le jeudi après Quasimodo (1er mai), le jeudi avant
la Saint-Michel (25 septembre) et le jeudi avant
la veille de la Toussaint (30 octobre).

FAY-LE-FROID : 1er août, 15 septembre ; foire aux bestiaux exclusivement.

LOUDES : lundi de quasimodo (28 avril), trente-quatre jours après
(2 juin), treize jours après la Pentecôte (21),
lendemain de la Saint-Pierre (30 juin) ; chevaux et bestiaux.

CRAPONNE : samedi, 3 mai ; la seule importante.

LE BOUCHET : 2 mai, 29 octobre, 16 novembre ; laines et bestiaux.

LES ESTABLES : 21 août, foire remarquable pour les bœufs dits
du Mézenc.

ARRONDISSEMENT D'ISSINGEAUX.

ISSINGEAUX : jeudi après la Saint-Michel (2 octobre).

SAINT-JEURE : foires remarquables pour les veaux et les génisses.

ARRONDISSEMENT DE BRIOUDE.

BRIOUDE : 3 mai, foire dite *de la Croix* ; 22 novembre, *de la
Saint-Clément.*

LANGEAC : premier jeudi de carême (6 mars), Sainte-Catherine
(25 novembre).

LA VOUTE-CHILHAC : 13 décembre et 1er janvier, foires renommée pour les moutons.

ALLY : 19 mars, foire remarquable pour les bestiaux.

FOIRES DU CANTAL.

Si la Haute-Loire revendique l'honneur de posséder les plus belles mules du monde, le Cantal à son tour se glorifie de ses magnifiques chevaux', derniers vestiges de l'illustre race d'Auvergne. Digne émule de l'Angleterre, le Cantal produit, non seulement des chevaux parfaits, mais encore des bestiaux remarquables par leur aptitude au travail, et dont la réputation est européenne.

Les principales foires de ce département sont :

AURILLAC : 23 mai, pour les chevaux ; 14 octobre, 14 novembre, foires générales.

MAILLARGUES : 10 décembre, pour les bestiaux exclusivement.

ALLANCHES : 23 octobre, 16 août, pour les bestiaux.

MASSIAC : 23 février, pour les bestiaux.

SALERS : .... foires remarquables pour les bœufs de travail.

SAINT-FLOUR : 2 juin, chevaux et bestiaux.

FOIRES DU PUY-DE-DOME.

Notre département, en raison de son altitude, de son climat, de la nature du sol, ne fait pas élever de grands chevaux.

Les attelages de luxe, il les tire de la Normandie, de l'Allemagne ou du Danemark et du Mecklembourg ; ses chevaux de trait viennent de l'Alsace et de la Franche-Comté. Bien qu'on voie ces chevaux sur nos champs de foire, c'est à Clermont seulement qu'on peut en faire un choix facile, juger de la beauté des types et en apprécier tout le mérite. On y distingue en outre le normand-melleraut, au port élégant et majestueux ; le danois et le mecklembourg de choix, unissant la force à la beauté des formes, à la légéreté des allures ; le poncy anglais, le cheval arabe, les premiers chevaux du monde ; le cheval breton, rustique comme le sol qui l'a vu naître, infatigable comme son maître ; le cheval percheron, qui a la force du boulonnais, l'agilité de l'anglais et le fond de l'arabe ; enfin le cheval limouzin qui étale gracieusement ses formes délicates, comme pour attester que la nature et l'homme n'ont pas toujours sacrifié l'agréable à l'utile.

Clermont et Issoire sont les deux principaux centres de foire de ce département.

CLERMONT : 9 mai, 11 novembre.
ISSOIRE : 26 janvier, 10 août.

Elles sont également remarquables par l'exhibition des bestiaux, des moutons de choix du Mont-d'Or et du Quercy.

FOIRES DE LA LOZERE.

LA CANOURGUE : les seules foires dignes d'intérêt pour les bestiaux dits *d'Aubrac*.

FOIRES DE L'ARDECHE.

SAINT-AGRÉVE : foire dite *des Rameaux*, la seule importante pour la graisse.

ORGANISATION

POLITIQUE.

—

ASSEMBLÉE LÉGISLATIVE.

Sept cent cinquante représentants.

REPRÉSENTANTS DE LA HAUTE-LOIRE.

MM. Breymand.	MM. Chovelon.
de Saint-Ferréol.	Monnier.
Chouvy.	Francisque Maigne.

Pouvoir exécutif.

PRÉSIDENT DE LA RÉPUBLIQUE : Charles Louis-Napoléon Bonaparte, neveu de l'empereur Napoléon, né à Paris le 20 avril 1808 de Louis Bonaparte roi de Hollande, et d'Hortence de Beauharnais, élu président le 10 décembre 1848 par cinq millions quatre cent trente-quatre mille deux cent vingt-six suffrages, sur cinq cent dix-sept mille huit cent onze votants.

VICE-PRÉSIDENT, M. Boulay (de la Meurthe), président du conseil d'Etat.

Ministère.

Intérieur.	MM. Baroche.
Affaires étrangères.	le général de La Hitte.
Justice.	Rouher.
Guerre.	le général Schramm.
Marine.	Romain Desfossés.
Finances.	Achille Fould.
Instruction publique et cultes. . . .	de Parrieu.
Commerce et agriculture.	Dumas.
Travaux publics.	Bineau.

ORGANISATION

RELIGIEUSE.

—

Dans ses rapports temporels avec l'état, l'administration ecclésiastique est du ressort du ministère de l'instruction publique et des cultes.

Il y a en France, y compris celui d'Alger, quatre-vingt-un siéges épiscopaux ou diocèses, dont quinze archevéchés et soixante-cinq évéchés.

Six membres de l'épiscopat français sont en ce moment investis du cardinalat.

L'administration du diocèse correspond à la circonscription du département ; elle est dirigée par un évêque dont le siège est au Puy. Il est, avec les évêques de Saint-Flour, Clermont, Limoges et Tulle, suffragant de l'archevêque de Bourges.

L'évêque a deux vicaires généraux, quatre vicaires généraux honoraires, un chanoine secrétaire de l'évêché.

Le chapitre de la cathédrale (Notre-Dame du Puy) se compose de chanoines titulaires, au nombre de neuf, et de quarante-cinq chanoines honoraires.

Le diocèse du Puy a trois séminaires : le grand séminaire ou séminaire diocésain du Puy, et les petits-séminaires de La Chartreuse et Monistrol.

ÉVÊCHÉ DU PUY.

Monseigneur Joseph-Auguste-Victorin DE MORLHON, né à Ville-Franche-de-Panat, au diocèse de Rodez, le 18 décembre 1799, nommé à l'évêché du Puy le 5 décembre 1846, préconisé le 12 avril 1847, sacré le 30 mai suivant à Auch, où il avait été vicaire général.

Vicaires généraux.— MM. MONTAGNAC, VARENIER, PÉALA, BONHOMME, COUPE, DE MORLHON.

Secrétaire de Monseigneur. . — M. DE MORLHON,
Secrétaire de l'Evêché. . . . — M. ALIROL.

Chapitre de la Cathédrale.

MM. BAUZAC, Doyen, Péni-   BRESCHET.
       tencier.   COUPE.
     PÉALA, Archiprêtre.   ALIROL.
     BROSSET.   CUSSINEL.
     BONHOMME.   DE MORLHON.

Chanoines d'Honneur.

S. E. Mgr le Cardinal DE BONALD, Archev. de Lyon,
Mgr DARCIMOLES, Archevêque d'Aix.

Chanoines honoraires.

MM. Jammes, de Lestang, Rey, Malescot, F. Paul, Aubazac, Blancheton, Eynac, Dufay, Bonnet, B. Bonhomme, Menut, Duchambon, Martin, Boyer, A. Cheucle, R. Cheucle, de Serres, Michel, Philis, Thomas, Bonhomme - Lacoste, Régis Péala, Mercier, Sauzet, Massardier, Bonneton, Gauthier, Benoît, Gisclou, J. A. Boyer, Blanchard, Romeyer, H. Pradier, Merle, Muthuou, Saugues, Coniusse, Redon, Ollier, Boët, Couguet, Ravel, Fabre, Broussard.

Maître de Chœur. — M. Michel.
Maître des Cérémonies. — M. Thomas.

Séminaire diocésain.

MM. PÉALA, *supérieur.*
     Vernière, *professeur de morale.*
     Thore,   —   *de dogme.*
     Démiau,   —   *d'écriture sainte.*
     Cartraux,   —   *de philosophie.*
     Layes, *économe.*

Petit Séminaire de la Chartreuse.

MM. COUPE, supérieur.
Merle ,{ directeur.
Bonnefoi, économe.
Urbe , professeur de philosophie et de physique.
Galand, professeur de rhétorique.
Solignac ,   —   d'humanités.
Aubert ,   —   de mathématiques.
Boussoulade , —   de troisième.
Peyronnel,   —   de quatrième.
Brun ,   —   de cinquième.
Marchaud ,   —   de sixième.
Fayolle ,   —   de septième.
Barry,   —   de huitième.

Chouvet   }
Vergnol ,   } surveillauts des études.

Petit Séminaire de Monistrol.

MM. MONTAGNAC, supérieur.
Muthuon,   directeur.
Vérillac ,   économe.
Fraisse, professeur de philosophie et de physique.
Gallet ,   —   de rhétorique.
Eynac,   —   d'humanités.
Barthélemy,   —   de mathématiques.
Bouchardon ,   —   de troisième.
H. Déléage ,   —   de quatrième.
Ploton ,   —   de cinquième.
Farissier ,   —   de sixième.
Fay,   —   de septième.
J. Déléage,   —   de huitième.

Souvignet, }
Chevalier, } surveillants des études.

Externat de Notre-Dame du Puy.

M. COUPE, supérieur.
MM. Vigouroux, Rome, Reynier, Jughon,
  Gabriel, professeurs.

Aumôniers.

Religieuses de la Visitation, au Puy, M. Rostain.
— *de la Visitation, à Brioude*, M. Arnal.
— *de Fontevrault, à Brioude*, M. Rochette.
— *de Jésus-Marie, au Puy*, M. Benoit.
— *de Sainte-Marie, au Puy*, M. Pascal.
— *de Sainte-Marie, à Pradelles*, M. Blanc.
— *du Bon-Pasteur, au Puy*, M. Grand.
— *de Saint-Joseph, au Puy*, M. Bonhomme.
— *de Saint-Dominique, au puy*, M. N.....
— *de la Présentation, au Puy*, M. N.....

Lycée, M. Bernard.
Écoles Chrétiennes, M. Boudouin.
Frères de l'Instruction-Chrét., à Espaly, M. Arnaudon.
École des Sourds-Muets, M. Grand.
Orphelinat de Saint-Joseph, M. Maurin.
Hôpital général, M. Courtial.
Hôtel-Dieu, M. Mialhe.
Hospice de Brioude, M. Souligoux.
Hospice d'Yssingeaux, M. N.....
Hospice de Craponne, M. Brenas.
Prisons du Puy, M. Bonhomme-Lacoste.
Prisons de Brioude, M. N.....
Prisons d'Yssingeaux, M. Liogier.

Œuvre de la Propagation de la Foi.

M. F. Paul, *trésorier-correspondant.*

—

CURÉS, DESSERVANTS ET VICAIRES.

Arrondissement du Puy.

† *NOTRE-DAME* . . .	{ *LE CHAPITRE, MM. Pascal. Paul, Hedde, Barrande.*
Ceyssac	Rome.
Chaspinhac	Guilhaumet, *Marie.*
SAINT-LAURENT . .	{ EYNAC, *Laurent, Delouche, Fayolle.*
Le Monteil	Rocher.
Polignac	Lanthenas, *Garde, Alirol.*
† *SAINT-GEORGE.* .	{ BLANCHETON, *Gerbier, Bompart, Messe.*
Coubon.	Bayard, *Pharisier, Pagnon.*
St-Germain-Laprade . .	Lufaud, *Descours, Laurent.*
SAINT-PIERRE . . .	{ BONHOMME, *Rostain, Durastel, Exbrayat.*
Vals.	Guichard.
ALLÈGRE.	LAURENT, *Benoit.*
Céaux-d'Allègre	Harent, *Chaussende.*
Fix-Saint-Geneix. . . .	Gueyton.
Monlet.	Laurent, *Issartel.*
St-Just-près-Chomelix.	Mathieu, *Soulier.*
Varenne-St-Honorat. . .	Courtial.
Vernassal.	Chazal, *Chaussende.*
CAYRES	GISCLON, *Pelisse.*
Alleyras.	Régis, *Giband.*
Costaros.	Vialle.
Le Bouchet-St-Nicolas .	Reynaud , *Chacornae.*
Ouides.	Sabatier.

† Ce signe indique une Cure ou un Curé de première classe.

(*) Pour éviter la répétition des mots *Curé, Desservant, Vicaire,* les noms de MM. les Curés sont en capitales, de MM. les Desservants en romain, et de MM. les Vicaires en italique.

Saint-Didier-d'Allier. . Despeisse.
Saint-Jean-Lachalm . . Chacornac, Lac.
Séneujols . . . . Bertrand.

CRAPONNE. . . . . . . { ROMEYER, Dutreuil, Bancel.
Beaune.. . . . . Michel, Gallien.
Chomelix . . . . Plo, Chauchat.
Le Pontempeyras. . . . . Paulet.
St-George-l'Agricole . . Badiou, Soubeyre.
St-Jean-Daubrigoux . . Veysseyre, Filaire.
Saint-Julien-d'Ance . . Favier, Montagne.

FAY-LE-FROID . . . . CONIASSE, Borel.
Boussoulet. . . . . Crépon.
Champclause . . . . . . Chanal, Gerenthe.
Chaudeyroles. . . . . . . Vallez.
Les Estables . . . . . . Royet, Cotlier.
Les Vastres. . . . . . . Vey, Aurand.
Saint-Front. . . . . Varnier, Roux, Béringer.

S-JULIEN-CHAPTEUIL. MALESCOT, Brive, Défilhes.
Lantriac. . . . . Martin, Besset.
Le Pertuis . . . . Michel.
Montusclat . . . . Devidal.
Queyrières. . . . . Morison, Badiou.
Saint-Hostien. . . . . . Belut, Poinsac.
Saint-Pierre-Eynac. . . Gaillard, Issartel.

LOUDES. . . . . SAUZET, Delaigue.
Chaspuzac. . . . . Mourgues.
Le Vernet. . . . . Maurin.
Saint-Jean-de-Nay . . . Robert, Fournel.
Saint-Privat-d'Allier. . Brun, Masserand.
Saint-Remy . . . . Allemand.
Saint-Vidal. . . . . . . Aurand.
Sanssac-l'Eglise . . . . Truchet, Pradier.
Vazeille-Limandres . . Borie.
Vergezac . . . . Ferrand.

LE MONASTIER. . .	MASSARDIER, *Therme, Roubin, Chevalier.*
Alleyrac.	Mouret.
Chadron.	Bay, *Mialhe.*
Freycenet-Lacuche. . . .	Sauvageon.
Freycenet-Latour	Cortial.
Goudet.	Leyre, *Imbert.*
Laussonne	Bonneton, *Prades.*
Moudeyres	Béatrix.
Présailles.	Danthony, *Boudoin.*
St-Martin-de-Fugères. .	Tavernier, *Truchet.*
Salettes	Fayt, *Martin.*
SAINT-PAULIEN. . .	AUBAZAC, *Rochette, Arnaud, Vergnol.*
Borne	Bonnet.
Lavoûte-sur-Loire . . .	Blanchard.
Lissac	Truchet, *Chambonnal.*
S-Geneix-près-S-Paulien	Monteillard, *Boissière.*
Saint-Vincent	Rolland, *Roche.*
PRADELLES..	MARTIN, *Abrial, Coiffier.*
Arlempdes	Beynier, *Bonnaud.*
Barges	Joumard.
Lafare	Bonnaud.
Landos	Bouquet, *Debard.*
Rauret	Gourjon, *Dussap.*
Saint-Arcons-de-Barges .	Merle, *Grand.*
Saint-Etienne-du-Vigan	Audiard.
Saint-Haond.	Descours, *Gerbier.*
Saint-Paul-de-Tartas . .	Mazel, *Castanier.*
Vielprat	Vey.
SAUGUES..	SAUGUES, *Paul, Durand, Souvignet.*
Champels	Gisquet.
Chanaleilles	Aujolras, *Limosin.*
Croisance.	Chaballier.
Cubelles	Boudoin.

Esplantas	Eymard.
Grèses	Eymard, *Martin*.
Monistrol-d'Allier	Cubisolle, *Foury*.
St-Christophe-d'Allier	Cuerq, *Mouleyre*.
Saint-Préjet-d'Allier	Laurent, *Danthony*.
Saint-Vénérand	Merle.
Servières	Laurent.
Thoras	Danthony, *Leyton*.
Vabres	Aubert.
Vazeille-près-Saugues	Lèbre.
Venteuges	Berard, *Barrande*.
SOLIGNAC-SUR-LOIRE	**BONNETON**, *Mounier*.
Bains	Pouderoux, *Comte*.
Cussac	Michel, *Cornillon*.
Le Brignon	Sabatier, *Massardier*.
St-Christophe-s-Dolaison	Ménabé, *Soulier*.
VOREY	**BLANCHARD**, *Audiard*.
Beaulieu	Mathieu, *Pellissier*.
Chamalières	Valour, *Jamon*.
Mésères	Valette.
Rosières	Chanal, *Sollier*, *Chanal*
Saint-Maurice-de-Roche	Chauchat, *Pontvianne*.
Saint-Pierre-Duchamp	Chabanes, *Bourg*.

Arrondissement de Brioude.

†**BRIOUDE**	{ **REDON**, *Robert*, *Veysseyre*, *Cornillon*, *Jean*, *Gibert*,
Beaumont	Jullien.
Bournoncle	Bourbonnot.
Chaniat	Mirmand.
Fontannes	Chambe.
Javaugues	Meyroneinc.
Lamothe	Fournier, *Guy*.
Lavaudieu	Riou.
Paulhac	Martin.

Saint-Beauzire . . . . . Deydier, *Tavernier.*
St-Ferréol-de-Cohade. . Chassang.
Saint-Géron . . . . Frugère.
Saint-Just-près-Brioude. Allezard, *Mazaudier.*
Vieille-Brioude . . . . . Maurin, *Berbigier.*

BLESLE. . . . . PHILIS, *Brun, Nicolas.*
Autrac. . . . . Beraud.
Chambezon.. . . . . Charbonnier.
Espalem. . . . . Berthon.
Grenier-Montgon. . . . . Monteillard.
Léotoing. . . . . Exbrayat.
Lorlange. . . . . Martin.
Lubilhac. . . . . Bonnefoi.
St-Etienne-sur-Blesle. . Pradier.
Torsiac . . . . Berard.

LA CHAISE-DIEU. . . . OLLIER, *Ponchon, Brossard.*
Berbézit . . . . Bonnet.
Bonneval. . . . . Viou.
Cistrière . . . . Pastre , *Redon.*
Connangles. . . . . Lafarge, *Guerin.*
Félines . . . . Leyre, *Molhérat.*
Jullianges. . . . . Bernard, *Vallez.*
La Chapelle-Geneste . . Clavel.
Laval . . . . Allemand.
Malvières. . . . . Trincal.
Saint-Pal-de-Murs. . . Laurent.
St-Victor-sur-Arlanc. . Chazal.
Sembadel . . . . Ampilhac , *Valette.*

SAINT-ILPIZE. . . . . . MOSNIER, *Veysseyre.*
Ally. . . . . Delouche, *Pascal.*
Arlet . . . . Leyre.
Aubazac. . . . . Mazaudier.
Blassac . . . . Bellut.
Cerzat. . . . . Bellon.

Chilhac. . . . . Farigoulle.
Lavoûte-Chilhac . . . . Broussard, *Fournier.*
Mercœur . . . . Fournier.
Saint-Austremoine . . . Béraud.
St-Privat-du-Dragon. . Souvignet, *Feuilharade.*
Villeneuve-d'Allier. . . Ducret, *Paulet.*

LANGEAC. . . . . . { MERCIER, *Loude, Peyrard, Aoust.*
Chanteuges . . . . Maurin, *Fabre.*
Charraix. . . . . Brustel.
Mazeyrat-Crispinhac. . Pignol.
Pébrac. . . . . Richaud, *Cubisolle.*
Prades. . . . . Barnier.
Reilhac . . . . Crozat.
Saint-Arcons-d'Allier. . Valliorgue.
Saint-Berain. . . . . . . Imbert, *Chautard.*
Saint-Eble . . . . Martin.
St-Julien-des-Chazes. . Marie.
Ste-Marie-des-Chazés . Rancillac.
Siaugues-St-Romain. . . Martin, *Nicolas, Coniasset*
Sorlhac . . . . Marie.
Vissac. . . . . Eymard.

LEMPDES. . . . . COUGUET, *Eymara.*
Agnat. . . . . Ravoux, *Chazal.*
Auzon. . . . . Cosse, *Charreyron.*
Azérat . . . . Bagès.
Champagnac-le-Vieux . Plantin, *Ponchon.*
Chassignolles. . . . . . . Monteyrimard, *Vidal.*
Sainte-Florine. . . . . . Barthélemy, *Gay.*
Saint-Hilaire . . . . . . Breuil, *Racher.*
Saint-Vert . . . . Tavernier, *Vigouroux.*
Vergongheon . . . . . . Conac.
Vézézoux. . . . . Perre.

PAULHAGUET. . . . . † BOYER, *Favier.*
Chassagnes. . . . . Boyer.

Chavagnac . . . . Dumas.
Collat. . . . . Boyer.
Couteuges. . . . . Romeuf.
Domeyrat. . . . . Vigier.
Fix-Villeneuve. . . . . Sijean.
Frugières-le-Pin . . . . Aymard.
Jax . . . . Berard.
Josat . . . . Vidal.
La Chapelle-Bertin . . Roux.
La Chomette . . . . . . Bayard.
Mazerat-Aurouze. . . . Deshors.
Montclard. . . . . Chapot.
St-Didier-sur-Doulon. . Fabre, *Mège*, *Laurent*.
St-Étienne-près-Allègre Crouzet.
St-George-d'Aurat . . . Deshors, *Faucher*.
St-Préjet-Armandon. . Martin.
Salzuit . . . . Plaix.
Vals-le-Chastel. . . . . Giuhac.

PINOLS. . . . . GAUTHIER, *Gauthier*.
Chastel. . . . . Malaché, *Pouderoux*.
Chazelles. . . . . Portal.
Cronce. . . . . Bruhat, *Barret*.
Desges. . . . . Nogiér.
Férussac. . . . . Solignac.
La Besseyre-St-Mary . Joanny, *Dussuc*.
Nozeyrolles. . . . . . . Robert.
Tailhac. . . . . Bay.

Arrondissement d'Issingeaux.

† ISSINGEAUX . . . { CHEUCLE, *Laval*, *Belut*,
                   Ferrand, *Souvignet*.
Araules. . . . . Riocreux, *Viou*.
Béaux. . . . . Courtailhac, *Défille*.
Bessamorel . . . . Chevalier.
Glavenas . . . . Borie.

Grazac	Fabre, *Souvignet.*
Lapte	Vachier, *Celle, Martin.*
Retournac.	Gallet, *Duranthon, Souchon.*
Retournaguet.	Laniel.
Saint-Julien-du-Pinet. .	Petiot.
Versilhac.	Nézeis.

† BAS.	BOYER, *Charreyre, Martin.*
Boisset	Enjolras, *Guichard.*
Malvalette	Tyssier, *Michel.*
St-André-de-Chalencon.	Gallien, *Mathieu.*
St-Pal-de-Chalencon. .	Peyrard, *Bourgeat, Bonne-*
Solignac-sous-Roche . .	Laval, *Courbon.* [*foux.*
Tirange	Freycenon, *Freycenon.*
Valprivas.	Laurent, *Duchamp.*

SAINT-DIDIER-LA-
   SÉAUVE . . . .
	{ RAVEL, *Demeure, Achard,*
	       Liotier.

Aurec.	Boët, *Colly, Gaucher.*
Malmont	Lagrevol.
St-Ferréol-d'Auroure. .	Mounier, *Berger.*
Saint-Just-Malmont. . .	Jouve, *Thélière.*
Saint-Pal-de-Mons . . .	Durieu, *Teyssier.*
Saint-Romain-Lachalm .	Bonnet, *Bernon.*
St-Victor-Malescours. .	Jourjon, *Boncompain.*

MONISTROL-SUR-
   LOIRE . . . .
	{ BONNET, *Paris, Cuoq,*
	       Bonnet.

Bauzac	Robert, *Jerphanion, Cornillon*
La Chapelle-d'Aurec. .	Gatty, *Souvignet.*
Les Villettes.	Michel.
St-Maurice-de-Lignon .	Souvignet, *Souvignec.*
Sainte-Sigolène.	Menut, *Paris, Escoffier.*

MONTFAUCON.	† DUFAY, *Méasson.*
Clavas.	Delolme.
Dunières	Libeyre, *Faugier, Granger.*
Montregard.	Issartel, *Lardon.*
Raucoules.	Aulagnier, *Boudarel.*

Riotord . . . . Ploton, *Cuoq, Duny.*
Saint-Bonnet-le-Froid . . Meyer, *Oudin.*
St-Julien-Molhesabate . Celle', *Lyonnet.*

† *TENCE* . . . . { R. PÉALA, *Freycenon,*
                          Ferrand, Badiou.
Ch' nereilles . . . . Ploton.

LE CHAMBON (1) . . . MICHALON.
Le Mas-de-Tence. . . . Molin.
Saint-Jeure . . . . Robert, *Januel.*

SAINT-VOY (1). . . . . FAURE.

(1) Ces deux Paroisses sont Cures de seconde classe.

RÉCAPITULATION.

ARRONDISSEMENS.	CURÉS.	DESSERV'.	VICAIRES.
Le Puy	16	98	99
Brioude	8	96	47
Yssingeaux. . . .	8	39	54
Total. . . .	32	233	200

4*

ÉTABLISSEMENTS RELIGIEUX.

La congrégation du Saint-Nom-de-Jésus, à Saint-Didier et à Retournac.

La congrégation de Saint-Joseph, dans soixante et dix paroisses,

Les dames de Fontevrault, à Brioude

Les dames de la Miséricorde-de-Saint-Vincent-de-Paul, à Brioude, à Issingeaux et à Saint-Didier.

Les dames de la Sainte-Trinité, à l'Hôtel-Dieu du Puy et à Saugues.

Les dames de la Visitation-de-Sainte-Marie, au Puy et à Brioude.

Les dames de la Providence-de-Saint-Vincent-de-Paul, au Puy.

Les dames de Sainte-Catherine, à Langeac.

Les dames de Sainte-Marie, au Puy et à Pradelles.

Les dames des Saints-Cœurs-de-Jésus-et-de-Marie, au Puy.

Les dames du Bon-Pasteur, au Puy.

Les dames du Saint-Sacrement, à Brioude, à La Chaise-Dieu et à Langeac.

Les demoiselles de l'Instruction, au Puy, à Issingeaux, à Saint-Didier, à Brioude, à La Chaise-Dieu, à Lempdes.
Elles envoient des filles agrégées dans les bourgs et villages.

Les Dominicaines, au Puy et à Langeac.

Les Franciscaines, au Puy.

Les sœurs Clarisses, au Puy.

Les sœurs de Saint-Charles, au Puy.

Les sœurs de la Croix, à l'Hôpital du-Puy, à Craponne, à Tiranges et à Montusclat.

Les sœurs de la Présentation, au Puy, au Monastier, à Saugues et à Langeac.

Les Ursulines, à Monistrol-sur-Loire.

Les frères des écoles Chrétiennes, dans huit paroisses.

Les frères de l'Instruction-Chrétienne, occupant quinze paroisses.

SOCIÉTÉ DE SAINT-VINCENT-DE-PAUL.

La société de Saint-Vincent-de-Paul, fondée à Paris en 1833 par quelques étudiants, étend aujourd'hui ses ramifications sur toute la surface du globe. Essentiellement laïque et catholique, cette association s'est imposé, comme principe fondamental de toutes ses œuvres, la *visite des pauvres à domicile,* visite qui a pour objet la satisfaction des besoins religieux et moraux, autant que celle des besoins matériels.

Des conférences se sont formées successivement dans la plupart des villes de la France et de la Belgique, de l'Irlande et du Canada, de la Prusse et de la Hollande, en Angleterre, en Espagne, en Italie, en Turquie, aux États-Unis, etc.

La conférence de Notre-Dame du Puy, la seule qui existe jusqu'ici dans le diocèse, a été fondée vers la fin de 1848. Elle compte quarante membres actifs et vingt-deux membres honoraires. Ses secours en bons de pain, de bois et de paille, en vêtements et en objets de literie s'étendent à plus

de deux cents familles. Ses réunions hebdoma-
daires ont lieu à l'Évêché. Monseigneur l'Évêque
en est le président d'honnenr.

Président,   MM. Huriez.
Vice-president,   Auguste de Longevialle.
Trésorier,   Jules de Longevialle.
Secrétaire,   La Batie.

Les offrandes en espèces ou en nature sont
adressées, soit au trésorier, soit à la supérieure des religieuses de la Mère-Agnès.

CULTE PROTESTANT.

ÉGLISE CONSISTORIALE.

MM. Adhéran, pasteur de première classe, à Saint-Voy.
Bourbon, — deuxième, au Chambon de Tence.
N . . . . . — — aux Vastres.

ORGANISATION

ADMINISTRATIVE.

—

PRÉFECTURE.

M. Émile DUBOIS, préfet.

MM. Éd. Mathieu, conseiller et secrétaire général ;
Maillard, et de Saint-Poncy, conseillers.

Le conseil de Préfecture tient ses séances le jeudi, à midi. Il se réunit extraordinairement quand le besoin du service l'exige.

Le Préfet reçoit le mercredi et le samedi, de onze à deux heures.

Les bureaux sont ouverts au public le lundi, le mercredi, le samedi et les jours de foire, de onze à deux heures.

BUREAUX.

Cabinet du Préfet. — M. N....., chef.

Attributions. — Ouverture des dépêches. — Distribution du travail. — Affaires réservées. — Personnel des fonctionnaires de tout ordre. — Demandes d'emplois. — Décorations. — Secours généraux. — Fêtes et cérémonies publiques. — Beaux-Arts. — Théâtres. — Imprimerie. — Librairie. — Belles actions. — Postes. — Police générale. — Associations. — Réfugiés. — Commission de surveillance des prisons. — Graces aux condamnés. — Ecoles Militaires, des Arts-et-Métiers, et Mines. — Demandes de concessions en Algérie et passage gratuit dans la colonie. — Affaires de cultes. — Centralisation des affaires du conseil général. — Fournitures et matériel des bureaux.

Secrétariat général. — M. MATHIEU, secrétaire.

Attributions. — Départ des dépêches. — Archives. — Recrutement de l'armée. — Affaires des gardes nationales. — Enregistrement des récépissés du receveur général et du payeur. — Enregistrement et envoi du *Bulletin des Lois* et du *Recueil des Actes administratifs.* — Légalisation. — Enregistrement des installations. — Passeports. — Statistique générale. — Bibliothèque administrative.

Première Division. — M. VALICON, chef.

Attributions. — Exécution des lois sur les élections et sur la formation de la liste du juri. — Conseils cantonaux. — Etat civil. — Naturalisations. — Chasse. — Louvetterie. — Passage de troupes. — Convois militaires. — Transports civils et militaires. — Subsistances militaires. — Gendarmerie. — Secours de route. — Aliénés. — Prisons. — Transférement des condamnés. — Voitures publiques. — Police du roulage. — Poids et mesures. — Foires et marchés. — Gardes champêtres et particuliers. — Tribunaux et chambres de commerce. — Police sanitaire. — Juri médical, épidémies, conseils d'hygiène publique et de salubrité, vaccines, diplomes, épizooties, établissements incommodes et insalubres. — Contributions directes et cadastre. — Contributions indirectes et octrois. — Budgets et comptes des communes et établissements de bienfesance. — Situation financière des communes sous le rapport de l'instruction primaire et des chemins vicinaux. — Formation du compte annuel des emprunts et des impositions ordinaires et extraordinaires, des pertes et des recettes et dépenses des communes. — Formation du décompte des centimes additionnels et les attributions des patentes revenant aux communes. — Formation des états relatifs aux dépenses de l'instruction primaire. — Formation des états nominatifs et trimestriels des instituteurs. — Impositions communales, ordinaires et extraordinaires. — Redevances des mines. — Secours généraux et spéciaux pour pertes. — Changement de destination de fonds. — Frais de casernement des troupes en garnison. — Révision des listes des plus forts contribuables. — Rôle des rétributions mensuelles des instituteurs communaux. — Distribution des amendes de police correctionnelle. — Comptabilité de la caisse des dépôts et consignations, des caisses d'épargne des instituteurs. — Comptabilité générale. — Budgets. — Secours aux anciennes religieuses. — Réglement de toutes les dépenses imputables sur les fonds du trésor public, du budget départemental et de la cotisation municipale pour les chemins vicinaux de grande communication.

Deuxième Division. — M. DE LABORIETTE, chef.

Attributions. — Administration des biens communaux. — Acquisitions, ventes, échanges et contentieux. — Travaux publics. — Demandes de secours et de subventions pour ces travaux. — Etablissements de bienfesance, hospices et fabriques. — Dons et legs. — Encouragements. — Erection des succursales et des vicariats. — Enfants trouvés. — Sourds-Muets. — Police rurale. — Cours d'eaux. — Echenillage. — Mercuriales. — Agriculture. — Etablissements d'usines. — Cimetières. — Mines. — Domaines. — Eaux et forêts. — Instruction primaire. — Circonscriptions communales. — Caisse d'épargne. — Ponts-et-chaussées. — Chemins vicinaux. — Alignements en général. — Etablissements publics. — Délits de grande voirie. — Carrières. — Navigation. — Haras. — Industrie. — Voirie urbaine. — Assurances contre l'incendie. — Répertoire.

Bureau Militaire. — M. Vidal, chef.

Recrutement de l'armée. — Garde nationale.

Archives. — M. AYMARD, conservateur.

Architecte départemental. — M. NORMANT.

Monuments historiques. — M. AYMARD, inspecteur.

CONSEIL GÉNÉRAL.

Il s'assemble annuellement, convoqué par une ordonnance présidentielle qui fixe l'époque et la durée de sa session; il nomme son président et son secrétaire.

CANTONS.	MESSIEURS
Puy-Nord-Ouest.	Calemard de La fayette, docteur médecin.
Puy-Sud-Est . .	Badon, docteur en médecine.
Allègre	Grellet, juge de paix.
Cayres	Peyret, notaire.
Craponne. . . .	Faucon aîné, banquier.
Fay-le-Froid . .	André, avoué.
Loudes.	N. . . . .
Monastier. . . .	Laroule, propriétaire.
Pradelles. . . .	de Chaumeils, propriétaire.
Saint-Julien . .	Mauras, propriétaire.
Saint-Paulien. .	Armand, juge de paix.
Saugues	de Saint-Germain, propriétaire.
Solignac. . . .	Chouvy, notaire.
Yorey	Jules La Batie, avocat.
Issingeaux . . .	Charreyre, avocat.
Bas	Dumolin, président de ch. en cour d'appel.

CANTONS.	MESSIEURS
Montfaucon. . .	De Bronac, propriétaire.
Monistrol . . .	Du Chayla, propriétaire.
Saint-Didier . .	De Lafressange fils, propriétaire.
Tence	De Mars, propriétaire.
Brioude	Saint-Ferréol, avocat.
Auzon	, Mandaroux-Vertamy.
Blesle	Maigne, médecin.
La Chaise-Dieu .	Pellet, notaire.
Langeac	Pissis, propriétaire.
La Voute	Romeuf, chef d'escadron, en retraite.
Paulhaguet. . .	Branche, notaire.
Pinols	Romeuf, avocat.

SOUS-PRÉFECTURES.

ARRONDISSEMENT DU PUY,

M. le Préfet y remplit les fonctions attribuées aux sous-préfets dans les autres arrondissements.

Conseil d'Arrondissement.

CANTONS.	MESSIEURS
Puy-Sud-Est	Meynier fils.
Puy-Nord-Ouest.	Bertrand de Doue.
Allègre.	Légal de Nirande fils.
Cayres	Senac fils.

CANTONS.	MESSIEURS
Craponne.	Gomot.
Fay-le-Froid	Descours, maire des Estables.
Loudes.	Saugues aîné.
Monastier	Antier, maire de Laussonne.
Pradelles.	Sauret de La Bastide.
Saint-Julien	Croze, notaire.
Saint-Paulien.	Pierre-Hubert Reynaud.
Saugues	Prolhac, avocat.
Solignac	Teyssier.
Vorey	N............

BRIOUDE.

M. Tony Rochette, sous-préfet.

M. Biffe, chef de bureau.

CONSEIL D'ARRONDISSEMENT.

CANTONS.	MESSIEURS
Brioude	Pascon et Tony Rochette.
Auzon.	Bardy, maire.
Blesle	Roux, ancien notaire.
La Chaise-Dieu	Jourde-Pellet.
Langeac	Vacher-Lagrave, notaire.
La Voute	Gilbert, notaire.
Paulhaguet.	Pissis.
Pinols.	De Longevialle.

ISSINGEAUX.

M. d'Encausse, sous-préfet.

M. Charel, chef de bureau.

CONSEIL D'ARRONDISSEMENT.

CANTONS.	MESSIEURS
Issingeaux . . .	Duchamp et Tollin fils.
Bas	Jean Claveron.
Monistrol . . .	Bruyère.
Montfaucon. . .	Labruyère.
Saint-Didier . .	Massardier et Chemain.
Tence	De Laroue et Lambert-Marthens.

MAIRIES.

VILLE DU PUY.

MESSIEURS

BADON, *maire.*

N. *premier adjoint.*

N. *second adjoint.*

Hedde-Eyraud, *secrétaire en chef.*

Vincens, *chef du bureau de l'état civil.*

Senac *et* Teyssonneyre, *cadastre, logement militaire.*

Mallat, *receveur municipal.*

Moiselet, *architecte de la ville.*

Bellut, *surveillant des travaux publics*

CONSEIL MUNICIPAL.

MESSIEURS

Arnaud, docteur en médecine,
Assézat-Fabre, propriétaire.
Audiard-Bonnet, imprimeur.
Badon, docteur en médecine.
Bertrand (Joseph), propriétaire.
Bertrand de Doue, propriétaire.
Bonnet-Mariac, propriétaire.
Breymand, représentant du peuple.
Calemard de Lafayette, docteur en médecine.
Chabaud ainé, négociant.
Charre-Lavalette, propriétaire.
Digonnet, capitaine en retraite.
Dugone, *décédé.*
Eyraud-Reynier, propriétaire
Falcon (Théodore), négociant.
Ganirol (Eugène), propriétaire.
Jean (Claude), mégissier.
Laurent, avocat.
Liogier, juge suppléant.
Meynier, propriétaire.
Porral, docteur en médecine.
Reynaud, docteur en médecine.
Richond (Albert), avocat.
Souteyran-Champavère, négociant.
Vissaguet, avocat.

POMPIERS.

Compagnie de soixante-cinq hommes.

Ch. Thomas , *capitaine.*   Bellut ,   *sous-lieutenant.*
Alix ,   *lieutenant.*   Besson ,   *sergent-major.*

ARRONDISSEMENT DU PUY.

Canton d'Allègre.   *8526

Allègre,	*Allègre.* ** — Denirande,	*Charitat.* 1995
Céaux-d'Allègre,	*Allègre.* — Maric,	*Soulicr.* 1609
Fix-Saint-Geneys,	*Allègre.* — Viallet,	*Ravoux.* 246
Monlet,	*Allègre.* — Sijean,	*Bayssat.* 1609
Saint-Just-près-Chomelix,	*St-Paulien.* — Fournel,	*Boyer.* 1609
Varennes-Saint-Honorat,	*Allègre.* — Gilbert,	*Breul.* 270
Vernassal,	*Allègre.* — Fillère,	*Blanc.* 1188

Canton de Cayres.   4821

Alleyras,	*Cayres.* — Lafont, *Gazanion.*	966
Cayres,	*Cayres.* — Peyret, *Pechayre.*	821
Le Bouchet,	*Cayres.* — Breysse, *Malhieu.*	1278

* Les gros chiffres indiquent la population totale du canton, et les petits, celle de chaque commune.

** Les noms qui précèdent le tiret, désignent la mairie en caractères ordinaires, et les *bureaux de poste* en italique. — Les noms qui suivent le tiret, sont ceux du maire et des *adjoints.*

Saint-Didier-d'Allier, *Cayres*. — Cubizol, *Pascal.*   225
Saint-Jean-Lachalm, *Cayres*. — Chouvy, *Beraud.*   1050
Séneujols,   *Cayres*. — Séjalon, *Prunet.*   481

Canton de Craponne.   10206

Beaune,   *Craponne.*— Triouleyre, *Vignal.*   903
Chomelix,   *Craponne.*— Pradon, *Garde.*   1637
Craponne,   *Craponne.*— Morange, *Doulre, Jouve.*4036
Saint-George-Lagricol, *Craponne.*— Fournerie, *Pontvianne.* 1218
Saint-Jean-Daubrigoux,*Craponne.*— Cartier, *Rix.*   1194
Saint-Julien-d'Ance,   *Craponne.*— Monier, *Calhaud.*   1221

Canton de Fay-le-Froid.   7870

Champclause,   *Fay.*   — Garnier,   *Mauras.*   1125
Chaudeyrolles, *Fay.*   — Descours,   *Defay.*   703
Fay-le-Froid, *Fay.*   — Boyer-Mauras, *Moyère.*   959
Les Estables, *Monastier.* — Crespin,   *Exbrayat.*   881
Les Vastres,   *Fay.*   — Rochette,   *Brolles.*   5172
Saint-Front,   *Fay.*   — Descours,   *Pestre, Exbrayat.* 1059

Canton de Loudes.   7808

Chaspuzac,   *Loudes.* — Barry, *Valiorgues.*   483
Le Vernet,   *Loudes.* — Comte, *Audiard.*   174
Loudes,   *Loudes.* — Blanc, *Berard.*   1597
Saint-Jean-de-Nay,   *Loudes.* — Boyer, *Laurent.*   1497
Saint-Privat-d'allier, *Loudes.* — Boyer, *Eymard.*   1456
Saint-Vidal,   *Loudes.* — Séjalon, *Pigion.*   425

Sanssac-l'Eglise,	*Loudes.* — Rocher,	*Enjolry.*	851
Vazeilles-Limandre,	*Loudes.* — Fauby,	*Beraud.*	426
Vergézac,	*Loudes.* — de Veyrac,	*Jammes.*	802

Canton du Monastier.   12415

Alleyrac,	*Monastier.* — Abeilhon,	*Masclaux.*	510
Chadron,	*Monastier.* — Buisson,	*Romieu.*	704
Freycenet-Lacuche,	*Monast.* — de Noyer de S.	*Guilhot.*	715
Freycenet-Latour,	*Monast.* — Badiou,	*Terme.*	604
Goudet,	*Monastier.* — Barthélemy,	*Boirayon.*	602
Laussonne,	*Monastier.* — Antier,	*Habougit.*	1954
Le Monastier,	*Monastier.* — Malzieu, *Chaussende, Eynac.*		3540
Présailles,	*Monast.* — de Barbon du Cluz.	*Chaurand.*	1042
St-Martin-de-Fugères,	*Mon.* — Dulac,	*Boyer.*	1361
Salettes,	*Monastier.* — Liabeuf,	*Fournier.*	1383

Canton de Pradelles.   8609

Arlempdes,	*Pradelles.* — Bruschet,	*Massebœuf.*	555
Barges,	*idem.* — Forestier,	N.	582
Lafarre,	*idem.* — Sauzon,	*Romieu.*	481
Landos,	*idem.* — Robert,	*Mercier.*	893
La Sauvetat,	*idem.* — Bruchet,	*Dancelle.*	502
Pradelles,	*idem.* — de Chaumeils,	*Agulhon.*	1562
Rauret,	*idem.* — Durand,	*Bassier.*	647
Saint-Arcons-de-Barges,	*idem.* — Arnoux,	*Vidil.*	680
Saint-Etienne-du-Vigan,	*idem.* — Bernard,	*Chabalier.*	434
Saint-Haon,	*idem.* — Merle,	*Roux.*	1228

Saint-Paul-de-Tartas, *Pradelles.* — Brunel, *Pagès.* 1120
Vielprat, *idem.* — Sauret-Labastide, *Gamon.* 415

Canton du Puy-Nord-Ouest.   21400

Aiguilhe, *Le Puy* — Langlade-Leg. . . ., *Alignon.* 514
Ceyssac, *idem.* — Musnier, *Rioufreyt.* 270
Chadrac, *idem.* — Assézat de Bouteyre, *Espagnon.* 187
Chaspinhac, *idem.* — Bertrand, *Roche.* 1177
Espaly-St-Marcel, *idem.* — Filhiot, *Masserand.* 1588
Le Monteil, *idem.* — Chevalier, *Berard.* 596
Le Puy, *idem.* — Badon, *N. . . ., N. . . .* 14995
Polignac, *idem.* — Pellissier, *Chevalier.* 2094
Saint-Quentin, *idem.* — Rolland, *Carlat.* 579

Canton du Puy-Sud-Est.   8005

Brives-Charensac, *Le Puy.* — Avit, *Brun.* 1527
Coubon, *idem.* — de Goys, *Chapuis, Benoit.* 2400
Ours-Mons, *idem.* — Ranchet, *Gallien.* 548
St-Germain-Laprade, *idem.* — Bernard, *Souveton, Jouve.* 2610
Taulhac, *idem.* — Arnaud, *Nicolas.* 457
Vals, *idem.* — Guilhaumet, *Gimbert.* 881

Canton de Saint-Julien-Chapteuil.   10865

Lantriac, *Saint-Julien.* — Gervais, *Nicolas de M.* 1485
Montusclat, *Saint-Julien.* — Devidal, *Chalendar.* 728
Queyrières, *Saint-Julien.* — Chapuis, *Monchalin.* 1229
Saint-Etienne-Lardeyrol, *St-Julien.* — Berger, *Chapon.* 1050

Saint-Hostien,	*Saint-Julien.* — Achard,	*Marcon.*	1997
Saint-Julien-Chapteuil,	*Saint-Julien.* — Mauras,	*Adhémar.*	2620
Saint-Pierre-Eynac,	*Saint-Julien.* — Croze,	*Delorme.*	1754

Canton de Saint-Paulien. 7755

Borne,	*Saint-Paulien.* — Fachon,	*Rocher.*	565
Blanzac,	*idem.* — Soulier,	*Soulier.*	480
Lavoûte-sur-Loire,	*idem.* — Robert,	*Faure.*	776
Lissac,	*idem.* — Garnier,	*Garnier.*	723
Saint-Geneys,	*idem.* — Cortial,	*Reynaud.*	758
Saint-Paulien,	*idem.* — Philip,	*Bertrand, N.*	5148
Saint-Vincent,	*idem.* — Perrin,	*Jouve.*	1503

Canton de Saugues. 11685

Chanaleilles,	*Saugues.* — Brajon,	*J.B. Andrieux.*	748
Croisance,	*Saugues.* — Aubazac,	*Barthélemy.*	299
Cubelles,	*Saugues.* — Aubazac,	*Cubizolle.*	425
Esplantas,	*Saugues.* — Paulhe,	*Gendre.*	281
Grèzes,	*Saugues.* — Labilherie,	*Biscarat.*	781
Monistrol-d'Allier,	*Saug.* — Page,	*Blanc.*	1062
Saint-Christophe,	*Saugues.* — Hugoni,	*Baffy.*	559
Saint-Préjet,	*Saugues.* — Laurent,	*Laroche.*	595
Saint-Vénérand,	*Saugues.* — Clément,	*Alget.*	502
Saugues,	*Saugues.* — Boulangier,	*Limozin, Labretoigne.*	4017
Thoras,	*Saugues.* — Cubizolle,	*Serre.*	998
Vabres,	*Saugues.* — Vedel,	*Vigouroux.*	266
Vazeilles,	*Saugues.* — Guy,	*Pascal.*	253
Venteuges,	*Saugues.* — Alles,	*Laurent.*	1149

Canton de Solignac-sur-Loire. 4954

Bains,	*Le Puy.* — Chouvy,	*Achard.*	1086
Cussac,	*idem.* — Bonneton,	*Belut.*	462
Le Brignon,	*Cayres.* — Teyssier,	*Boudoul.*	1580
Saint-Christophe-s-Dolaison,	*Le Puy.* — Rocher,	*Roux.*	952
Solignac-sur-Loire,	*idem.* — Badiou,	*Reynard.*	1094

Canton de Vorey. 11129

Beaulieu,	*Saint-Paulien.* — Bernard,	*Brunel.*	1222
Chamalières,	*idem.* — Jourda,	*Montagne.*	1045
Mésères,	*idem.* — Roiron,	*Cl. Montagne.*	408
Roche-en-Régnier,	*idem.* — Gallet,	*Maigne.*	1750
Rosières,	*idem.* — Guichard, *Allirot, Margerit.*		2837
Saint-Pierre-Duchamp,	*idem.* — Girard,	*Roux.*	1750
Vorey,	*idem.* — de Verlaure,	*Filiol.*	2159

———

VILLE DE BRIOUDE.

MM. VIDAL-JONQUOY, *maire.*

MÉRIE, *premier adjoint.*
DUCLAUX, *deuxième adjoint.*

Bravard, *secrétaire.*

CONSEIL MUNICIPAL.

MESSIEURS

Allary fils , rentier.

Aubazat (Jean), cultivateur.

Bayle-Courtot , propriétaire.

Beraud fils aîné, serrurier.

Challier-Genton , vigneron.

Cheminard, libraire.

Duclaux , cafetier.

Faugère (Jean), propriétaire.

Ferrand (Louis), vigneron.

Grenier-Ferrand , vigneron.

Lamothe (Julien) , propriétaire.

Lhomme , horloger.

Marché (François), sabotier.

Méric (Jean) , boucher.

Moulin-Redon , cultivateur.

Perrein fils , propriétaire.

Sadourny-Villa , menuisier.

Saint-Ferréol (Amédée de) , propriétaire.

Souligoux (Vital) propriétaire

Touchebeuf fils aîné , boulanger.

Tourrette-Auvernat , jardinier.

Trioullier-Anglissant , aubergiste.

Vidal-Jonquoy, propriétaire.

POMPIERS.

Corps de cinquante-cinq hommes.

MM. Beraud , *lieuten.* Bordeaux *sous-lieut.* Jonquoi, *serg. maj.*

Trente-neuf musiciens. — M. Vidal , *chef.*

ARRONDISSEMENT DE BRIOUDE.

Canton d'Auzon. 11069

Agnat,	Brioude. — Senèze,	Sabatier.	772
Auzon,	Lempdes. — Saturnin,	Valelz.	1440
Azerat,	Brioude. — Barret,	Bonjean.	646
Champagnac,	Brioude. — Chambe,	Vacher.	1127
Chassignoles,	Lempdes. — Barrier,	Degeorge.	888
Frugères-les-Mines,	Lempdes. — N . .,	Gauthier.	504
Lempdes,	Lempdes. — Lagarde,	Gaillard.	1422
Sainte-Florine,	Lempdes. — Collomb,	Terrasse.	1608
Saint-Hilaire,	Lempdes. — Robert,	Sabatier.	811
Saint-Vert,	Brioude. — Saugues,	Mestre.	858
Vergongheon,	Lempdes. — Bardy,	Veysseyre.	757
Vézezoux,	Lempdes. — Aug. Bardy,	Cuasquet.	456

Canton de Blesle. 6478

Autrac,	Lempdes. — Liandier,	Mège.	256
Blesle,	Lempdes. — Maurice Segret, Laurent Segret.		1945
Chambezon,	Lempdes. — Mirand,	Abel.	522
Espalem,	Lempdes. — Pradier,	Barthomeuf.	724
Grenier-Montgon,	Lempd. — Andraud,	Alezaix.	449
Léotoing,	Lempdes. — Rocher,	Jubelain.	708
Lorlange,	Lempdes. — Valleix,	Martin.	614
Lubilhac,	Massiac. — Boyer,	Boyer.	705
Saint Étienne,	Lempdes. — Serre,	Malbet.	405
Torsiac,	Lempdes. — Boisset de Torsiac, Jouve.		554

Canton de Brioude. 15475

Beaumont,	*Brioude.* — Devins,	*Pouget.*	402
Bournoncle,	*Brioude.* — Martel,	*Marion.*	810
Brioude,	*Brioude.* — Vidal-Jonquoy,	*Mérie, Duclaux.*	4962
Chaniat,	*Brioude.* — Besseyre,	*Souligoux.*	552
Fontannes,	*Brioude.* — Gilbert,	*Trioullier.*	605
Javaugues,	*Brioude.* — du Crozet,	*Duclaux.*	560
Lamothe,	*Brioude.* — Vidal,	*Marsepoil.*	1281
Lavaudieu,	*Brioude.* — Sartigue,	*Soulier.*	856
Paulhac,	*Brioude.* — Serre,	*Clavier.*	516
Saint-Beauzire,	*Brioude.* — Bourbonnot,	*Filiol.*	727
St-Ferréol-de-Cohade, *Br.* — Chevant,		*Ramain.*	657
Saint-Géron,	*Brioude.* — Ant. Pradier,	*Jean Bertrand.*	408
Saint-Just-près- *Brioude.* — Masset,		*Massebeuf.*	1448
St-Laurent-Chabreuge, *Br.* — Bertrand,		*Boudon.*	293
Vieille-Brioude,	*Brioude.* — Perret,	*Garenne.*	1596

Canton de La Chaise-Dieu. 11495

Berbezit,	*La Chaise-Dieu.* — Vimal,	*Bonnet.*	445
Bonneval,	*La Chaise-Dieu.* — Vassel,	*Fournery.*	590
Cistrières,	*La Chaise-Dieu.* — Begon,	*Sibaud.*	1140
Connangles,	*La Chaise-Dieu.* — Duchamp,	*Guilhaume.*	946
Félines,	*La Chaise-Dieu.* — Faure,	*Pontes.*	992
Jullianges,	*Craponne.* — Blancheton,	*Manet.*	1156
La Chaise-Dieu,	*La Chaise-Dieu.* — Pellet,	*Douvreleuil.*	1998
La Chapelle-Geneste, *La Chaise-Dieu.* — Batisse,		*Moing.*	864
Laval,	*Brioude.* — Montmège,	*Sauret.*	578

Malvières,	La Chaise-Dieu. — Chirouze,	Saby.	641
Saint-Pal-de-Murs,	La Chaise-Dieu. — Roux,	Fouillit.	720
Saint-Victor-sur-Arlanc,	Craponne. — Brassard,	Daurat.	550
Sembadel,	La Chaise-Dieu. — Auvergnon,	Perrin.	875

Canton de Langeac.   12807

Auteyrac,	Langeac.—Boyer,	Benier.	453
Chanteuges,	Langeac.—Duchamp,	Pegeaire.	894
Charraix,	Langeac.—Plantin,	Priouret.	425
Digons,	— unie à Pébrac, n'est plus mairie.		
Langeac,	Langeac.—Chauchat-Gallice, Faye, Gay.		5207
Mazeyrat-Crispinhac,	Langeac.—Boyer,	Cisternes.	780
Pébrac,	Langeac.—Allignon,	Vidal.	1109
Prades,	Langeac.—Cour,	Prades.	408
Reilhac,	Langeac.—Grenier,	Charbonnier.	414
Saint-Arcons-d'Allier,	Lang.—Chauchat,	Crouzet.	618
Saint-Berain,	Langeac.—Prades,	Joumard.	642
Saint-Eble,	Langeac.—Beaune,	Diodonat.	646
Saint-Julien-des-Chazes,	Lang.—Beaune,	Pagès.	568
Sainte-Marie-des-Chazes,	Lang.—Chautard,	Eymard.	282
Siaugues-Saint-Romain,	Lang.—Truchet,	N.	2080
Vissac,	Langeac.—Dumas,	Belan.	303

Canton de La Voute-Chilhac.   8896

Ally,	La Voute-Chilhac. — Vairon,	Rongier.	742
Arlet,	La Voute-Chilhac. — Sicard,	Ceysset.	213
Aubazat,	La Voute-Chilhac. — Pegon,	Servant.	540
Blassac,	La Voute-Chilhac. — Gironde,	Marsset.	540

Cerzat,	*Langeac.*	—Dussuc,	*Charbonnier.*	520
Chilhac,	*La Voute-Chilhac.*	—Vigier,	*Marsel.*	705
La Voute-Chilhac,	*La Voute-Ch.*	—Gibert,	*Ferlut.*	845
Mercœur,	*La Voute-Chilhac.*	—de La Rochette,	*Brun.*	586
Saint-Austremoine,	*La Voute.*	—Ravoux,	*Archer.*	575
Saint-Cirgues,	*La Voute-Chilhac.*	—Vizade,	*Promeyrat.*	705
Saint-Ilpize,	*La Voute-Chilhac.*	—Fournier-Mont,	*Allezaix.*	1206
Saint-Privat-du-Dragon,	*La V.*	—Soulier,	*Soule.*	774
Villeneuve-d'Allier,	*La Voute.*	—Pastourel,	*Regourd.*	1066

Canton de Paulhaguet. 13211

Chassagne,	*Paulhaguet.*	—Voisin,	*Begon.*	658
Collat,	*idem.*	—Vincent,	*Glaize.*	531
Couteuges,	*idem.*	—Peyret du Mazel,	*Brun.*	478
Domeyrat,	*idem.*	—Francou,	*Glaize.*	701
Fix-Villeneuve,	*St-George-d'Aur.*	—Locussol,	*Varenne.*	698
Frugières-le-Pin,	*Paulhaguet.*	—Ant. Bonneton,	*Guignabert.*	559
Jax,	*Saint-George-d'Aurat.*	—Marsein,	*Pignol.*	523
Josat,	*Paulhaguet.*	—Duchamp.	*Barreyre.*	565
La Chapelle-Bertin,	*idem.*	—Dioudonnat,	*Joumel.*	450
La Chomette,	*idem.*	—Jean Detrévis,	*Jos. Olivain.*	580
Mazérat-Aurouze,	*idem.*	—P. Bouche,	*Pierre de Berle.*	951
Montclard,	*idem.*	—Fouilly,	*Fouilloux.*	416
Paulhaguet,	*idem.*	—Sabatier,	*Marchet.*	1599
Saint-Didier-sur-Doulon,	*idem.*	—Bonnet.	*Specel.*	1901
Saint-Étienne-près-Allèg.	*idem.*	—Terrasson,	*Vauzelle.*	506
Saint-George-d'Aurat,	*St-George.*	—Promeyrat,	*Leyreloup.*	1525
Saint-Préjet,	*Paulhaguet.*	—Porte,	*Begon.*	486

Salzuit,	*Paulhaguet.* — Romieux,	*Vauzelle.*	387
Vals-le-Chastel.	*idem.* — Roubin,	*Pubellier.*	516

Canton de Pinols. 4902

Besseyre-Saint-Mary,	*Langeac.* — Crouzet,	*Rabat.*	674
Chazelles,	*Langeac.* — Tixier,	*Barthomeuf.*	203
Cronce,	*La Voute-Chilhac.* — Servant,	*Delhyvert.*	526
Desges,	*Langeac.* — Morin,	*de Longevialle.*	500
Ferrussac,	*Langeac.* — Brustel,	*Brustel.*	496
Le Chastel,	*La Voute-Chilhac.* — Fagheon,	*Batifoullier.*	750
Nozeyrolles,	*Langeac.* — Soulier,	*Borde.*	519
Pinols,	*Langeac.* — Faucher,	*Coutaret.*	807
Tailhac,	*Langeac.* — Martin,	*Servant.*	450

VILLE D'ISSINGEAUX.

MESSIEURS,

PERROS, *maire provisoire.*

N. . . . . ., *premier adjoint.*

N . . ., *deuxième adjoint.*

Guillot, *secrétaire en chef.*

CONSEIL MUNICIPAL.

Blanchot, greffier.

Cartal (Julien), propriétaire.

MESSIEURS

Charreyre (Auguste), maître d'hôtel.
Charreyre (Hector), avocat, *décédé*.
Chometton (Jean-François), notaire.
Choumouroux (Alphonse de), propriétaire.
Dupuy (Louis), coutelier.
Fayolle, avoué.
Foret (Jean), négociant.
Gaillard, juge suppléant.
Lagrevol (Alexandre), propriétaire.
Lagrevol (Louis), propriétaire.
Liogier (Bruno), propriétaire.
Mallet (Hippolyte), coutelier.
Maurin (Antoine), épicier.
Maurin (Joseph), propriétaire.
Mollin, avoué.
Outin (Jean-Pierre), propriétaire.
Outin-Meyer, marchand.
Perros (Louis), propriétaire.
Pipet (Hippolyte), médecin.
Vaunac (Hippolyte de), propriétaire.
Veyrac (Vincent), propriétaire.

ARRONDISSEMENT D'ISSINGEAUX.

Canton de Bas. 13442

Bas,	*Monistrol-sur-Loire.* — Girard, *Carrier, Vassel.*	6199
Boisset,	*Monistrol-sur-Loire.* — Grillet, *Faure.*	4107

St-André-de-Chalencon, *Monistrol-s-L.*— Jouve, *Pinel.* 1208
Saint-Pal-de-Chalencon, *Monistrol-s-L.*— Plagnieux, *Vion.* 2516
Solignac-sous-Roche, *Monistrol-s-L.*— Poncet, *Malfrait.* 690
Tiranges, *Monistrol-sur-Loire.*— Chommat, *Goyon.* 1722

Un décret tout récent détache de Bas *les sections de* Malvalette *et* Valprivas, *et en fait deux autres communes.*

Canton d'Issingeaux. 20374

Araules, *Issingeaux.* — Perbet, *Garnier.* 1940
Béaux, *Issingeaux.* — Roche, *Roberton.* 1254
Bessamorel, *Issingeaux.* — Martin, *Celle.* 586
Grazac, *Issingeaux.* — Fournel, *Abrial.* 1669
Issingeaux, *Issingeaux.* — Perros, provisoirement. 7707
Laple, *Issingeaux.* — Baralon, *Ploton, Vacher.* 2893
Retournac, *Issingeaux.* — Boncompain, *Ribeyron, Monier.* 5623
St-Julien-du-Pinet, *Iss.* — Brun, *Perbet.* 702

Canton de Monistrol-sur-Loire. 13085

Bauzac, *Monistrol-sur-Loire.*— Fayolle de Mans, *Ribéron.* 2355
LaChapelle-d'Aurec, *Monistr.* — Dessaigne, *Measson.* 822
Monistrol-sur-L., *Monistrol.*— du Chayla, *Duchamp, Decroix.* 4431
St-Maurice-du-Lignon, *Mon.* — Dufau, *Bruyère.* 2264
Sainte-Sigolène, *Monistrol.* — Dugas du Villard, *Cornillon.* 5215

Canton de Montfaucon. 13302

Dunières, *Montfaucon.* — Vial, *Carpot.* 2359
Montfaucon, *Montfaucon.* — Bronac, *Vazelhes.* 1172

Montregard, *Montfaucon*.—Delolme, *Mounier.* 1743
Raucoules, *Montfaucon*.—Vérot, *Romeyer.* 1404
Riotord, *Montfaucon*.—Celle-Dubie, *Clapeyron, Dumas.* 2737
St-Bonnet-le-Froid, *Montf.*—Mounier, *Vacher.* 763
St-Julien-Molhesabate, *M.* —Souvignet, *Sanial.* 1154

Canton de Saint-Didier-la-Séauve. 14795

Aurec, *Saint-Didier-la-Séauve.* —Terme, *Delhomme, Martin.* 2710
St-Didier-la-Séauve', *St-Didier.*—Riou, *Fayard, Thomas.* 4045
St-Ferréol-d'Auroure, *St-Didier.*—de Villeneuve, *Teyssier.* 1675
St-Just-Malmont, *St-Didier.*—Rouchon, *Descours.* 1764
St-Pal-de-Mons, *St-Didier-la-S.*—Convert, *Bernon.* 2100
St-Romain-Lachalm, *St-Didier.*—du Peloux, *Gallet.* 1457
St-Victor-Malescours, *St-Didier.*—Massardier. *Riocreux.* 1049

Canton de Tence. 14071

Le Chambon, *Tence.* — Valla, *Riou.* 2280
Saint-Jeure, *Issingeaux.*— Baniol, *Chareyron, Brioude.* 2986
Saint-Voy, *Tence.* — Laroue, *Gibert, Ferrier.* 2647
Tence, *Tence.* — Rocher, *Venard, Delobra.* 6158

254 *Récapitulation départementale* 307161

111 communes de l'arrondissement du Puy 135753
106 — — de Brioude 84329
57 — — d'Issingeaux 87079

ORGANISATION

JUDICIAIRE.

—

COUR D'APPEL DE RIOM.

Sa juridiction s'étend sur les départements de l'Allier, du Cantal, du Puy-de-Dôme et de la Haute-Loire.

Tous les trois mois, et plus souvent si les circonstances l'exigent, un conseiller de cette cour est envoyé au Puy, à l'effet de présider les assises.

M. Nicolas, premier président, résidant à Riom.
M. de Sèze, procureur général.

TRIBUNAL CIVIL DU PUY.

Ce tribunal se divise en deux chambres.

Les audiences de la première chambre s'ouvrent le lundi, de neuf heures du matin à midi en été, et jusqu'à une heure en hiver ; — le jeudi, vendredi et samedi, aux mêmes heures.

Les audiences de la deuxième chambre s'ouvrent le lundi, de neuf à une heure [police correctionnelle] ; — lundi soir, de deux à cinq heures [audiences civiles], — le mardi, de huit heures à midi en été, et de neuf à une heure en hiver ; — le mercredi, de huit heures à midi en été, et de neuf à une heure en hiver.

M. Dorlhac, *président.*

M. Vidal de Ronat, *vice-président.*

MM. Odde du Villard, Sigaud de Lestang, Paul-Constant, Souchon, Guilhot-Chazalets, Louis Bertrand, *juges.*

M. Lobeyrac, *juge d'instruction.*

MM. Eyraud-Lafont, Liogier de Sereys, Mathieu, Léon La Batic, *juges suppléants.*

PARQUET.

M. Malbet, *procureur de la république.*

MM. Dumont et Calemard de Génestoux, *substituts.*

M. Soudan, *greffier.*

MM. Henriot, Michel, Reynaud, Ventajols, *commis-greffiers.*

M. Vincent, *pour les ordres.*

AVOCATS.

MM. Assézat de Bouteyre, Borie, Eyraud, Gueyffier, La Batic (Jules), Laurent, Marthory, Mathieu (Ed.), Reymond-

Charbounouze père, Richond(Albert), Richond-Assézat, Titaud, Tuja, Vissaguet.

MM. Balme, Charles Calemard-Lafayette, Reymond-Charbounouze fils, Vinay fils.

AVOUÉS.

Leur nombre est fixé à seize. Il y a dans chaque arrondissement une chambre instituée pour connaître des plaintes qui sont portées contre les avoués, maintenir la discipline intérieure, et prononcer l'application des peines établies au réglement.

MM. André, Argaud, Cartal, Chabanes, Chintreuil, Clair, Eyraud-Entier, *secrétaire-trésorier;* Garde, Jacotin, *syndic;* La Batie (Léon), Lalauze, Lashermes, *présid. de la chambre;* Lespinasse, *rapporteur;* Savelon, Soudan, Vignon.

HUISSIERS.

Les huissiers de chaque arrondissement ont une chambre de discipline chargée de maintenir l'ordre parmi tous les membres de la communauté, de veiller à l'exécution des lois et réglements qui les concernent, et de prévenir ou concilier les différends qui peuvent s'élever entre eux relativement à leurs droits, fonctions ou devoirs.

MM. Bonnet, Dubois, Faye, Giraud, Guitard, Imbert, Latour, Martin, Relave, Rocher, Roux, Sahuc, Solignac.

COMMISSAIRE PRISEUR.

M. Besqueut.

TRIBUNAL CIVIL D'ISSINGEAUX.

Il donne ses audiences lundi, mardi et vendredi. *Affaires commerciales,* lundi, mardi et mercredi. *Police correctionnelle,* jeudi; *Ordres,* vendredi.

MM. Bonnet, *président;* Titaud, *juge;* de La Roque, *juge d'instruction;* Charreyre, Gailhard, Louis Chevalier, *suppléants.*

PARQUET.

MM. Delair, *procureur de la république;* Jouve, *substitut;* Blanchot, *greffier;* Célard, Moulin, *commis-greffiers.*

AVOCATS.

MM. Allemand, André, Charreyre [décédé], Dubois, Dufaure, Louis de Lagrevol, N. de Lagrevol, Rousset, Vérot.

AVOUÉS.

MM. Boncompain, Champagnac, V. Charreyre, N. Chevalier, Duchamp, Fayolle, Granoulhet du Chambon, Mollin.

HUISSIERS.

MM. Coupin, Malessard, Mallet, Malosse, Therme, Veyre.

COMMISSAIRE PRISEUR.

M. N. Malosse.

TRIBUNAL CIVIL DE BRIOUDE.

Audience tous les jours, excepté samedi et dimanche. — *Affaires civiles*, tous les jours, excepté vendredi et samedi. — *Police correctionelle*, vendredi, à neuf heures.

MM. Mallye, *président;* Couguet, *juge;* Thomas, *juge d'instruction;* Belmont, Rochette, Touchebeuf.

PARQUET.

M. N., *procureur de la république;* Fouillet, *substitut;* Duclaux, *greffier;* Bagès, *commis-greffier.*

AVOCATS.

MM. Belmont, Chomette, Grenier, Huguet, Maigne, Mallye fils, Montalban, Rochette, de Saint-Ferréol, Talairat, Touchebeuf.

AVOUÉS.

MM. Bagès, Belmont, Crespe, de Reynaud, Fornier, Jonquoi, Langlade, Martin, Perrin, Vernière.

HUISSIERS.

MM. Bonne-Lahaie, Crozat, Magaud, Miquel, Pougheon, Vallat, Vallat fils.

M. Feuillette.

—

TRIBUNAUX DE COMMERCE.

Chacun de ces tribunaux est composé de quatre à huit juges ou suppléants, non compris le président. Tout commerçant peut en faire partie, s'il est âgé de trente ans, et s'il a exercé le commerce avec honneur et distinction pendant cinq ans. Le président doit avoir quarante ans, et être choisi parmi les anciens juges. Ces tribunaux n'ont point de vacances. Ils ont leurs huissiers désignés.

Audience le vendredi [et autres jours, quand les circonstances l'exigent], à trois heures de l'après-midi.

TRIBUNAL DU PUY.

MM· Bonnet-Chouvy, *président;* Champanhac, Mauras, Dulac-Schwab, Rocher-Blanc, *juges;* Descours, Desruors, Enjolvy-Page, Sabatier, *juges suppléants;* N , *greffier;* Dubois, Sahuc, *huissiers.*

6

CHAMBRE CONSULTATIVE.

MM. Bertrand de Doue, Joseph Bertrand, Charles Dubois, Am. Robert, Vinay.

TRIBUNAL DE COMMERCE DE BRIOUDE.

Audience le vendredi.

MM. Boyoud, *président;* Blanc fils, Grèse père, Ch. Lhomme, *juges;* Chambe, Jacques Tabouret, Touchebeuf, *suppléants;* Crozat, Miquel, *huissiers.*

—

CONSEIL DES PRUD'HOMMES.

Élection faite au Puy en exécution du décret du 27 mai 1848.

Dentelles. MM. André-Courtial, Besqueut-Jouve, Besqueut-Laporte, Breysse-Laugier, Th. Falcon, Fél. Rocher, V. Sauret, Veysseyre-André.

Filature et teinture. MM. J. P. Besse, G. Chabalier.

Tannerie et mégisserie. MM. Cl. Jean, Florim. Meynard.

SECRÉTAIRE. M. Besse.

—

JUSTICES DE PAIX.

Les attributions des juges de paix sont les conciliations volontaires et sur citation, les simples contestations entre particuliers, et l'apposition et rémotion des scellés. Ils jugent en dernier ressort jusqu'à la valeur de cent francs, et à charge d'appel jusqu'à deux cents francs.

ARRONDISSEMENT DU PUY.

Les jours d'audience sont
lundi pour Allègre, Cayres, Saugues, Vorey;
mardi pour Craponne, Fay, Loudes, Le Monastier, Saint-Julien, Saint-Paulien;
mercredi et samedi pour Le Puy;
jeudi pour Solignac;
vendredi pour Le Monastier, Pradelles, Saint-Julien, Saugues.

canton	juge	suppléants	greffier	huissiers
Puy-Nord-Ouest.	Gouy.	Liogier, Besses.	Chabrier.	Relaye.
Puy-Sud-Est.	Richond.	Giron-Reynier, Calemard-Latour.	Latour.	Giraud.
Allègre.	Grellet.	«	Laroche.	Déchance, Gazenhou.

canton	juge	suppléants	greffier	huissiers
CAYRES.	Grangier.	Senac.	Gazanbon.	Coston.
CRAPONNE.	Aubert.	«	Harent.	Ferrand, Terrasson.
FAY-LE-FROID.	André.	«	Gauthier.	Paulet.
LOUDES.	Valicon.	«	Ginhoux.	Peyron.
LE MONASTIER.	Michel.	«	Souchon.	Petit.
PRADELLES.	Pichot-Dumazel.	«	Pagès.	Chevalier, Moulin.
SAINT-JULIEN.	Mauras.	«	Sanhard.	N. . .
SAINT-PAULIEN.	Armand.	«	Deribier.	Broc.
SAUGUES.	Martin-Malaleuge.	«	Labretoigne.	Bonhome, Joujon, Martin.
SOLIGNAC.	Bernard.	«	Jouve.	Coston.
VOREY.	Bernard.	«	Berger.	Latour.

ARRONDISSEMENT DE BRIOUDE

Les jours d'audience sont
lundi pour Brioude, Auzon;
mardi pour Pinols;
mercredi et samedi pour Langeac;
jeudi pour Blesle, La Chaise-Dieu, Paulhaguet;
vendredi pour LaVoute.

canton	juge	suppléants	greffier	huissiers
BRIOUDE.	Chanson.	Marret, Grenier.	Feuillette.	Crozat, Miquel.
AUZON.	Langlade	Allezard.	Lagarde.	Durand, Duclaux.
BLESLE.	Souligoux.	Roux, N. . .	Segret.	Duranton.

canton	juge	suppléants	greffier	huissiers
La Chaise-Dieu.	Momège.	Blancheton, Jourde-Pellet.	Momège.	Desmurs, Nugier, Trionleyre.
Langeac.	Pissis.	Reboul, Servant.	Ducordeau.	Bonnet, Brun, Boyer.
La Voute.	Hugon.	Gilbert.	Colomb.	Ferret, Colomb.
Paulhacuet.	Gouguet-Florac.	Fabre, Marchet.	Rocher.	Coche, Barreyre, Brustel.
Pinols.	Pallade.	Roche.	N...	Chastel.

ARRONDISSEMENT D'ISSINGEAUX.

Les audiences sont
lundi pour Monistrol, Saint-Didier ;
mardi pour Bas, Montfaucon, Tence ;
mardi et samedi pour Issingeaux.

canton	juge	suppléants	greffier	huissiers
Issingeaux.	Tollin.	Duchamp.	Jerphanhon.	Malosse.
Bas.	Quioc.	Girard, Carrier.	Faure.	Chavanon, N....
Monistrol.	Dubois.	Hilaire, Néron.	Besset.	Faucherand.
Montfaucon.	Belmas.	Demeure, Dumolin.	Ollier.	Coste, Michel.
Saint-Didier.	Duchamp.	Chemain.	Balandrau.	Bonnet, Merle.
Tence.	Maurin.	Fayolle de Maus, Tollin.	Fraisse.	de Banne, Massard.

6*

TRIBUNAUX DE POLICE JUDICIAIRE.

Ces tribunaux connaissent des contraventions de simple police qui peuvent donner lieu à quinze francs d'amende et cinq jours de prison au plus, avec ou sans confiscation des choses saisies, quelle qu'en soit la valeur. Ils statuent par le même jugement sur les demandes en restitution et en dommages-intérêts. Les juges de paix les président; les fonctions du ministère public sont remplies par les commissaires de police ou [à leur défaut] par les maires. Les huissiers audienciers près les justices de paix sont chargés de la police dans les communes rurales.

La juridiction du commissaire de police du Puy s'étend dans les communes de Polignac, Espaly, Aiguilhe, Vals, Taulhac et Charensac, sous l'autorité des maires de ces communes.

MM. Avond, *greffier de simple police,* au Puy;
    Voisin, *commissaire de police;*
    Belledent, Teyssouneyre, *agents;*
    Otto, *commissaire,* à Brioude;
    Saba,   —   à Issingeaux;
    Schwab,   —   à Craponne.

NOTAIRES DU DÉPARTEMENT.

Les notaires reçoivent tous les actes et contrats auxquels les parties veulent faire donner le caractère d'authenticité attaché aux actes de l'autorité publique, pour en assurer la date, en conserver le dépôt, et en délivrer des expéditions. Ces fonctionnaires sont institués à vie, et doivent résider dans les lieux fixés par le gouvernement. Ils sont tous indistinctement chargés de délivrer les certificats de vie pour le paiement des rentes viagères et des pensions sur l'état. Il y a dans chaque arrondissement une chambre syndicale du corps des notaires, chargée de maintenir la discipline intérieure et d'examiner la capacité des postulants au notariat.

Cantons du Puy.

MESSIEURS

Bayon. *Minutes de* Hugon, Chaussende père et fils, Mondilhon père et fils.

Boudet. — Maurin, Assézat père et fils, Vallet, Barthélemy, Razon, Bergounhoux.

Boudoul. — Laurent-Duchamp, Collange, Pavier.

Boulangier. — Benoit

MESSIEURS

De Vérac. *Minutes de* Liogier, Mauras, Constantin et Alexis Reymond-Charbounouze, Girard-Jandriac p. et fils, Descours.

Grellet. — Richond fils, Richond père, Brun.

Gueyffier. — Harent, Vissaguet, Maurin, Dolézon, Galland, Violette, Boudin, Milhon, Valette, Vallat, Malfrayt.

Guilhe de Freycenet. — Claude, François, Gaspard Durastel, Durastel père.

Guichard. — Marthory, Laribette, Eyraud-Brossac.

N . . . . . — Agulhou, Roussel père et fils, Jacquet, Bleu, Tranchard.

Canton d'Allègre

ALLÉGRE. N. — *Minutes de* Million-Grangier, Grangier fils, Franç. Marie-Joseph Grangier, Grangier père et aïeul, Fournier, Grellet.

Auvernhon. — Florim. Harent, André-Régis Harent, Romeuf, Benoit-Régis Harent, Gay, Lavernière, Harent, Garnier, Roche, Condere, Digonnet.

Henri Paul. — Joseph Harent, André Défilhes, Antoine-Amable Défilhes, Monier.

SAINT-JUST. Fournel. — Benoict, Roussel, Charbonnier.

VERNASSAL. Coiffier. — Défilhes, Théodore Harent, Charitat.

Canton de Cayres.

LE BOUCHET. Boudoul. *Min.* Boudoul, Chauvet p. et fils, St-Haon.

CAYRES. Peyret. — Pertuis, Bay, Boudinhon, Petit, de Saint-Haon.

Saint Jean-Lachalm. Chouvy-Hugon. *Minutes de* Messe et, au Villard, *minutes d'*Itier père et fils.

Canton de Craponne.

Chomelix. Dessimond. *Minutes d'*Aubert, Jean-Aubin Delaigue, Delaigue père et fils, Dufavet.
Craponne. Avril. — Doutre, Benoict.
Mosnier. — Grand, Gallet père et fils, Porral-Delolme.
Fontvieille. — de Pierreux, Besse, Favier père et fils, Celeyron.
Saint-Julien-d'Ance. Terrasson. — Delaigue, Boul, Missonnier.

Canton de Fay-le-Froid.

Fay. N . . . *Minutes de* N . . ., Sanial, Chevalier, Brun, Sardon, Louche-Dupré, Palhier.
Moyère. — Royer, Mazoyer, Lagrange, Martin, Hilaire.
Les Estables. N. . . . — Maurin. (Étude supprimée.)
Saint-Front. Reynaud. — Bourette, Venard, Reynaud, Breysse.

Canton de Loudes.

Loudes. Chazal fils. *Minutes de* Dorlhac, Simon, Hugon père et fils, Rapatel père et fils, Bleu père et fils.
Saint-Jean-de-Nay. Boyer aîné. — Boyer père, Riou père et fils.
Saint-Privat. Boyer cadet — Chacornac, Valet, Champalbert.

Canton du Monastier.

Goudet. Malzieu. *Minutes de* Malzieu père.
Laussonne. N . . . — Reynaud.

Monastier. Chaussende-Guilhot. *Minutes de* Chaussende aîné, Julien, Guilhot.

Antier. — Durastel, Souteyran oncle, Jean-Thomas Souteyran.

Eugène Souteyran-Laroulle. — Souteyran-Laroulle, Badiou, Gourjon, Souteyran père, Alexis, Eyraud père et fils, Obrier. André, Debrus.

Canton de Pradelles.

Arlempdes. Étude supp. *Minutes d'*Agulhon cadet, Agulhon père.

Pradelles. Bonhomme. — Fournet, Sauzet, Grégut, Goutailles, Forestier, Munier, Blanc, Mathieu, Imbert, Mialhe, Véjean, Johanny, Roux fils, père et aïeul, Chasmolière.

Frévol. — Joseph et Pierre Frévol, Caires.

Durant. — Vauzelle, Imbert, Champalbert.

Saint-Haon. Cornut. — Roux.

Canton de Saint-Julien-Chapteuil.

Lantriac. Sanhiard. *Minutes de* Montbrun fils, Reynaud, Mauras.

Saint-Étienne-Lardeyrol. Coffe. — Mathieu, Grangeon.

Saint-Julien. Emmanuel Mauras. — Jean-François Mauras.

Saint-Pierre-Eynac. Croze. — Auguste Mauras, Croze père.

Canton de Saint-Paulien.

Saint-Paulien. Prosper Philip. *Minutes d'*Alexandre Philippe, Armand aîné, Langlade, Fournel, Charbonnière, Chapuis, Dorlhac, Champavère, Chazal père.

Saint-Vincent. — Arnaud, Tharin, Arnaud.

Canton de Saugues.

Bonhomme fils. *Minutes de* Bonhomme père , Enjolvin, Arnier, Pays, Chabanel.
Boulangier. — Boulangier père.
Charles Labretoigne. —Aug. Labretoigne, Beraud, Belledent.
Alphonse Ménard. — Paparic.
Labretoigne-Lavalette. — Court.

Canton de Solignac.

Bains. Chouvy. *Minutes de* Chouvy père, Bredoire, Pouderoux, Pays, Bredoire-Habaume.
Le Brignon. Durastel. — Souteyran, Durastel, Gire.
Solignac. Chacornac. — Rome, Gagne.

Canton de Vorey.

Beaulieu. Bernard. *Minutes de* Bernard père.
Roche. Gallet. — Dessimond, Dubois père et fils, Maurin.
Rosières. Bigel. — Guichard, Cartal, Chanial, Savelon, Maurin, Charbonnier.
Vorey. Filiol. — Savelon, Gallet, Béal, Savelon père et fils.
N . . . . . . — Vernet, Valicon, Teyssier, Chabanes, Mathieu.

—

Canton de Brioude.

Brioude. Albanel. Faurot. Grenier. Roumilhac.
Lamothe. Girard.

Canton d'Auzon.

Auzon. Bardy. Besse.   Lempdes. Lagarde.
Champagnac. N . . . . .   Sainte-Florine. Dellac.

Canton de Blesle.

Blesle. Roux fils. Segret.   Lorlanges. N . . . .

Canton de La Chaise-Dieu.

La Chaise-Dieu. Million. Pellet. Vachier.
Jullianges. Blancheton.

Canton de Langeac.

Langeac. Louis Chauchat. Chauchat-Rosier. Reboul. Vaury.
Saint-Julien. Beaune.   Siaugues-Saint-Romain. Truchet

Canton de La Voute-Chilhac.

Voute-Chilhac. Chazelède. Ferlut. Gilbert.
Saint-Ilpize Fournier.   Villeneuve-Saint-Ilpize. Regourd.

Canton de Paulhaguet.

Paulhaguet. Fornier. Jules Branche. Vigier.
Villeneuve. Armand.

Canton de Pinols.

Clavier. Faucher.

Canton d'Issingeaux.

ISSINGEAUX. Berthet. *Minutes de* Maurin, Jean-Antoine-Gaspard Maurin, Jean-Joseph Maurin.

Chometon. — Delolme, Fayolle de Mans.

Thénesy. — Vissaguet, Carrier, Gire, Dufaure.

LAPTE. Chazeau. — Giry, Pouzols.

RETOURNAC. Boncompain fils. — Boncompain père.

Canton de Bas.

BAS. Collard. *Minutes de* Girard.

Girard jeune. — Girard père.

SAINT-ANDRÉ. Pontvianne. — Maroud, Valicon.

SAINT-Pal. Martin — Maisonneuve, Ribeyron.

TIRANGES. Valicon. — Valicon, Clavaron.

Canton de Monistrol.

MONISTROL. Chaurand. *Minutes de* Labruyère.

Duchamp. — Sabot, Quioc.

BAUZAC. Ribeyron. — Reymondier.

SAINT-MAURICE. Dufau. — Lassaigne.

SAINTE-SICOLÈNE. Hilaire. — Bonnet.

Canton de Montfaucon.

MONTFAUCON. Marnas.

Riou. *Minutes de* Demeure, Jousserand.

DUNIÈRES. Jean Demeure.

Riotord. Dubreuil. *Minutes d'*Abrial.

Saint-Bonnet. Bonnet. — Gaillard, Carpot, Vazeille, Dumolin·

Canton de Saint-Didier.

Saint-Didier.	Chemain.	*Minutes de*	Larouveyre, Eyraud.
	Riou.	—	Soulier, Souvignet.
	Saby.	—	Terme.
Aurec.	Roucbon.	—	Chazourne.
Saint-Pal-de-Mons.	Brodard-Fontaine.	—	Mollin.

Canton de Tence.

Tence.	Faugier-Lassaigne.	*Minutes de*	Champanhac, Panetier.
	Heurtier.	—	Maurin.
	Venard.	—	Bourette père et fils.
Saint-Jeure.	N......	—	Béal.
Saint-Voy.	Moulin.		

—

NOTAIRES DE L'ARRONDISSEMENT DU PUY

dont les Minutes sont déposées au Greffe du Tribunal civil.

Allirol,	de 1669 à 1737	Bernard	1656
André	1667	Bernard	1660—1668
Barret	1584—1639	Blanc	1584
Barthélemy	1685—1706	Bouthelier	1626—1629
Bay	1584—1672	Boyer	1558—1572
Berard	1656—1692	Boyer	1558—1573

Boyer	1575—1605	Liotard	1583—1654
Brunel	1612—1651	Loubet	1688—1725
Brunel	1676—1776	Maleys.	
Brunel	1657—1674	Mans	1570—1584
Chambonnet	1666—1675	Maréchal	1621—1711
Daurier	1545	Maurin	1765—1776
De Lafont	1654—1670	Molin	1705—1708
De Mans	1626—1666	Monteyremard	1654
Denaves	1609	Morel	1600—1628
Dolézon	1571—1612	Pagès	1622
Duclaux	1610—1629	Parat	1614—1615
Durand		Pelissier	1650—1690
Espanhon	1615—1686	Peyret	1609—1660
Eymard	1716—1744	Rechatin	1695—1701
Fabre	1709—1757	Robert	1587—1704
Faure	1692—1751	Roche	1651—1707
Gallien	1592—1612	Rochette	1695—1726
Gay	1619—1685	Romieu	1518—1629
Gerentes	1650—1670	Rozier	
Giraudet	1651	Sahuc	1645—1654
Guigon	1723—1782	Sardon	1712
Guilhaume	1690—1707	Savin	1545—1549
Guitard	1752	Senac	1775—1779
Hilaire	1760—1769	Sigaud	1586—1587
Jauguet	1520—1589	Thivel	1664—1703
Johanny	1585—1592	Treveys	1687—1698
Le More	1672	Valiorgue	1617—1656

ORGANISATION

MILITAIRE.

—

La Haute-Loire est comprise, ainsi que les départements de l'Allier, Cantal, Cher, Corrèze, Creuse, Haute-Vienne, Indre, Nièvre, Puy-de-Dôme, dans la *treizième* division militaire, dont Clermont-Ferrand est le chef-lieu.

TREIZIÈME DIVISION.

MESSIEURS

Marey-Monge, général de division, *commandant.*

de Villiers, lieutenant-colonel, *chef de l'état-major.*

Mariani, chef d'escadron d'état-major.

d'Aurelle, capitaine de première classe de l'état-major.

Clémeur et Rouverie de Cabrière, capitaines de deuxième classe.

de Pontbriant, sous-intendant de première classe, *intendant milit.*

Préat, sous-intendant de première classe.

Millou, adjoint de deuxième classe à l'*intendance.*

SUBDIVISION DE LA HAUTE-LOIRE ET CANTAL.

Mauduit, général de brigade, *commandant* au Puy.

Coste, capitaine, commandant le dépôt de *recrutement.*

Decourcy, lieutenant-adjoint.

Forgeard et Bouhé, sergents, *attachés au dépôt.*

SOUS-INTENDANCE DE LA HAUTE-LOIRE.

Firon, ancien élève de l'école Polytechnique, *sous-intendant*, au Puy.
Compain, *chef des bureaux.*
Pellissier, *commis auxiliaire.*
Bouquet, adjudant en second des subsistances, *comptable.*

—

GENDARMERIE.

La compagnie de la Haute-Loire, ainsi que celles du Rhône, de Saône-et-Loire et de la Loire, appartient à la *dix-neuvième* légion, dont le chef-lieu est Lyon. Elle a trente-deux brigades, dont vingt-une à cheval et onze à pied : 172 hommes.

M. Lemaire, colonel, *chef de la légion*, résidant à Lyon.

COMPAGNIE DÉPARTEMENTALE.

MM. Delaplace, capitaine, *commandant la compagnie*, au Puy.
Gardien, lieutenant, *trésorier.*
Geoffroy, lieutenant, *au Puy;* Picand, maréchal des Logis.
Baudmont, maréchal des logis, *à Fay-le-Froid.*
Lourdin, maréchal des logis, *au Monastier.*
Vital, lieutenant, *à Brioude;* Tarby, maréchal des logis.
Bolet, maréchal des logis, *à Langeac.*
Mabilion, maréchal des logis, *à Lempdes.*

MM. Ferrand, maréchal des logis, *à Blesle.*

Boissié, lieutenant, *à Issingeaux* ; Décrouan, mar. des log.

Lacharme, maréchal des logis, *à Monistrol.*

Rajaud, maréchal des logis, *à Bas.*

ORGANISATION

FINANCIÈRE.

—

RECETTE GÉNÉRALE.

MESSIEURS

LEGRAND DE VILLERS, *receveur général,* au Puy.

Alix, *caissier.*

Descours, *chef de la comptabilité, fondé de pouvoirs.*

de Gauville, *payeur des dépenses publiques,* avenue d'Espaly.

Lebreton, percepteur, *au Puy.*	Beyssat, perc. *au Monastier.*
Ch. Thomas, — *à Espaly.*	Exbrayat, — *à Présailles.*
Grobon, — *à Polignac.*	Tharin, — *à Pradelles.*
Mazaudier, — *à Saint-Germain.*	Gueyton, — *à La Sauvetat.*

Claudet , percepteur, *à Allègre.*
Bonne-Chevant, — *à St-Paulien.*
Durieu , . — *à Céaux-d'Allègre.*
Barrande , — *à Saugues.*
Jean Portal , — *à Cayres.*
Estagnol , — *à Esplantas.*
Le François, — *à Craponne.*
Dugaray , — *à Solignac.*
Royet, — *à Fay-le-Froid.*
Savelon , — *à Vorey.*
Lioutaud , — *à Loudes.*
Gaillard , — *à Rosières.*
Malbet , — *à Vergézac.*

Recette particulière de Brioude.

Faucher-Saint-Martin, *receveur particulier.*
Paul, *chef de bureau.*
Mazel , *percepteur surnuméraire.*

Pouzol, percept., *à Brioude.*
Vimal, perc. *à Bonneval.*
Nozerines , — *Lamothe.*
Gallice, — *Langeac.*
Tailhandier, — *Paulhac.*
Sabathier, — *Siaugues-St-Rom.*
Bardy, — *Auzon.*
Hilaire, — *La Voute-Chilhac.*
Gueyffier, — *Champagnac.*
Mathieu, — *Saint-Ilpize.*
N..... — *Blesle.*
Olivier, — *Paulhaguet.*
Delaigue, — *Espalem.*
Vidal, — *Saint-George.*
de Brun, — *La Chaise-Dieu.*
Marie. — *Pinols.*

Recette particulière d'Issingeaux.

de Savornin , *receveur particulier.*
Sarrazin , *chef de bureau.*
Reynaud , *percepteur surnuméraire.*

du Crozet, percept. *à Issingeaux.*
Boudinhon, p. *à Monistrol.*
Bruyère, — *à Grazac.*
Croze , — *à Montfaucon.*
Reynaud , — *à Retournac.*
Besson , — *à St-Didier.*
Pipet , — *à Bas.*
Dasquémie, — *à St-Pal-de-Mons.*
Giraud , — *à Tiranges.*
Olivier, — *à Tence.*

CONTRIBUTIONS DIRECTES ET CADASTRE.

MESSIEURS

Prisse, *directeur*.
Ollivier, *inspecteur*.
de Longevialle, *premier commis de première classe*.
Delaune, *chef de bureau*.

Les bureaux sont ouverts de huit à quatre heures.

Contrôleurs. — Sept divisions.

Oyon, pour les cantons du Puy, Solignac et Saint-Paulien.
Villedieu, pour Fay, Le Monastier, Pradelles, St-Julien et Cayres·
Masrouby, pour Allègre, Craponne, Vorey, Bas et Monistrol.
de Surrel, pour Loudes, Saugues, Langeac et Pinols.
Joseph, pour Brioude, Auzon et Blesle.
Niveau, pour La Chaise-Dieu, LaVoute-Chilhac et Paulhaguet.
Trounion, pour Issingeaux, St-Didier, Montfaucon et Tence.

Les propriétaires qui désirent se procurer des extraits de matrice et des copies de plans cadastraux, doivent s'adresser aux bureaux de la direction. Les frais d'expédition sont payés d'après un tarif approuvé par l'administration.

CANTONS CADASTRÉS,

classés suivant leur étendue en hectares.

Saint-Paulien	11299	Le Puy	17699
Craponne	12859	LaVoute	18043
Solignac-sur-Loire	13415	Le Monastier	18181
Saint-Julien-Chapteuil	13675	Montfaucon	19256
Cayres	13852	Pradelles	19585
Allègre	13852	Tence	19954
Blesle	14776	Bas	20400
Loudes	15017	La Chaise-Dieu	21408
Saint-Didier	15944	Langeac	21895
Monistrol	16758	Paulhaguet	22952
Vorey	17187	Brioude	23057
Auzon	17235	Issingeaux	25065
Fay-le-Froid	17289	Saugues	36345
Pinols	17462	Total	496294

—

CONTRIBUTIONS INDIRECTES.

MESSIEURS.

TILLOY, *directeur*, au Puy.
Malet, *premier commis de direction*.
Boulanger, *deuxième commis de direction*.
Allaire, *inspecteur*.

7 *

MESSIEURS

Baboye, *receveur principal et entreposeur des tabacs.*
Boyer, *controleur de ville.*
Massaviol, *receveur ambulant.*
Bresson, *commis à cheval.*
Grenouille, Brugière, Charreyre, Ortala, *commis à pied.*
Moulin, Palangié, *surnuméraires.*

La ville du Puy est sujette au droit d'entrée.
Le bureau de la recette-buraliste est à l'Hôtel-de-Ville, dans le même local que le bureau central de l'octroi.

Lebreton, *receveur particulier et entreposeur des tabacs,* à Brioude.

Brioude est sujette au droit d'entrée, qui est payé à la recette-buraliste et aux portes de la ville.

M. Montchenu, *receveur particulier et entreposeur des tabacs,* à Issingeaux.

Issingeaux est sujet au droit d'octroi.

Les divers bureaux d'octroi de chaque ville sont ouverts tous les jours depuis le lever jusqu'au coucher du soleil Les introducteurs d'objets ont le droit de se faire représenter le tarif, qui doit être imprimé et affiché dans chaque bureau de perception.

MM. Avond, *préposé en chef de l'octroi*, au Puy.
Jouvenot, *receveur central*.
Pellissier, *commis vérificateur*.

—

POIDS ET MESURES.

Guigon, *vérificateur*, au Puy.
Mugnier,   à Brioude.
N.   à Issingeaux.

—

ENREGISTREMENT ET DOMAINES.

Les bureaux de la direction sont ouverts de huit heures à midi et de deux à six.

MESSIEURS

Boitteux, *directeur*, au Puy, avenue d'Espaly.
de Vinols fils, *premier commis*.
de Marthes, *garde-magasin*.
Lavigne, *inspecteur pour le département*.
Bergeron, *vérificateur*, au Puy.
Pascalis,   à Brioude.
Champanet,   à Issingeaux.

MESSIEURS.

Croze, *receveur* des actes civils, successions, timbre, au Puy.
Guérard,   · des actes judiciaires, exploits, timbre, domaines.

Le canton de Loudes relève du Puy.

Brossard, *receveur* à Allègre.	Layrac, *receveur*,	à Blesle.
Faure, à Craponne.	Faure,	à La Chaise-Dieu.
Dubroca, à Fay et St-Julien.	Charles,	à Langeac.
de Labatut, au Monastier.	Faure,	à La Voute.
de Linage, à Pradelles.	Lasaygues,	à Paulhaguet.
Dormoy, à Saint-Paulien.	Roche,	à Issingeaux.
Pustel, à Saugues.	Louis Dumazel,	à Bas.
Ornano, à Solignac.	Ournier,	à Monistrol.
Blenq, à Vorey.	Dufaure,	à Montfaucon.
Héraud, à Brioude.	Toussan,	à Saint-Didier.
Colliot de La Hatay, à Auzon.	Rastou,	à Tence.

CONSERVATION DES HYPOTHEQUES.

MM. Prud'homoz, *conservateur*, au Puy.
    Foussat, à Brioude.
    Torrent, à Issingeaux.

EAUX ET FORÊTS.

Vingt-Huitième Conservation.

Elle se compose des départements de la Haute-Loire, du Cantal, de la Corrèze, de l'Aveyron et de la Haute-Vienne.

MM. Le ROUYER, *conservateur,* à Aurillac.
    Froger de l'Éguilhe, *sous-inspecteur,* au Puy.

DÉPOT D'ÉTALONS.

Le département de la Haute-Loire fait partie du *sixième* arrondissement des courses de chevaux, dont le chef-lieu est Aurillac (Cantal). Cinq stations y ont été établies : au Puy, à Craponne, à Pradelles, à Paulhaguet et à Tence.

VÉTÉRINAIRES POURVUS DE DIPLOMES.

MM. Gire fils,	au Puy.
François Pascal,	au Puy.
Jean-Pierre-Flavien Terrasson,	à Craponne.
Gabriel Jughon,	à Paulhaguet
Brun,	à Bas.

—

PONTS-ET-CHAUSSÉES.

Huitième Inspection divisionnaire.

MESSIEURS

CAILLOUX, *inspecteur divisionnaire*, à Paris.

Guyot, *ingénieur en chef*, au Puy.

Lefébure, *ingénieur de l'arrondissement* du Puy.

Fournier, *ingénieur de l'arrondissement* de Brioude.

Tourvieille fils, *conducteur embrigadé de première classe, fesant fonction d'ingénieur ordinaire* à Issingeaux.

Leclerc, *conducteur embrigadé*, de première classe.

Besses ,   de troisième classe.

—

POSTES.

Cette administration ressortit au ministère des finances

MESSIEURS

HUBERT, *inspecteur des postes, chef de service pour la Haute-Loire.*

Bausse, *directeur comptable du département.*

Raynal, *premier commis.*

Boreau-Lajanadie, *second commis.*

Le bureau est ouvert en été, depuis six heures du matin jusqu'à sept heures du soir; en hiver, depuis sept heures du matin jusqu'à six heures du soir.

Arrivée des Couriers.

Paris, Clermont, Brioude, à trois heures et demie du matin.
Craponne et Langogne, à cinq heures.
Lyon, Saint-Étienne, Issingeaux, à huit heures.
Cayres, Loudes, Le Monastier, Saint-Julien, à cinq heures du soir.

Levée de la boîte.

Pour Issingeaux, St-Étienne, Lyon, à six heures et demie du m.
Cayres, Loudes et Le Monastier, à six heures et demie.
Langogne, à dix heures et demie.
Brioude, Clermont, Paris, à onze heures et demie.
Craponne et Vorey, à onze heures et demie.

Un quart d'heure après chaque levée, il est fait une levée supplémentaire pour les lettres affranchies au moyen des timbres-postes.

Distribution à domicile.

Trois distributions ont lieu dans le courant de la journée : la première, à sept heures du matin, comprend les correspondances de Paris, Brioude,

Clermont, Langogne, Lempdes, Langeac, Paulhaguet, Craponne, La Chaise-Dieu ; la seconde, vers onze heures du matin, les correspondances de Lyon, Saint-Étienne, Monistrol, Issingeaux; et la troisième, à cinq heures et demie du soir, les correspondances du Monastier, Cayres, Loudes et Saint-Julien-Chapteuil.

Service rural.

Il est divisé en six arondissements; il comprend dix-huit communes, dont quatorze sont desservies tous les jours.

Les quatre bureaux de distribution désignés ci-après dépendent du bureau du Puy :

DISTRIBUTEURS.

CAYRES. — M. GAUTHIER.

Courier du Puy arrive à onze heures du matin,
    part à une heure et demie du soir.

LOUDES. — Mme CLINOPOLDE.

—   arrive à onze heures du matin,
    part à deux heures du soir.

SAINT-JULIEN-CHAPTEUIL. — M. GIBAUD.

—   arrive à onze heures du matin,
    part à une heure du soir.

VOREY. — M. LUDON.

—   arrive à trois heures du soir,
    part à deux heures du matin.

BRIOUDE. — Mme PÉTETIN, *directrice.*

Le bureau est ouvert, en toute saison, depuis sept heures du matin jusqu'à sept heures du soir.

DÉPART ET ARRIVÉE DES COURIERS.

La Chaise-Dieu, arrive et part à sept heures du matin;
Le Puy, arrive à cinq et demie du soir: part à dix et demie du s.
Lempdes, Paris, arrive à huit heures du s. ; part à dix et demie.

Il est fait deux distributions par jour : la première, à sept heures du matin, comprend les correspondances apportées par les couriers de Lempdes et de La Chaise-Dieu; la seconde, à six heures du soir, les correspondances apportées par le courier du Puy.

Cinq facteurs ruraux attachés au bureau de Brioude desservent dix-neuf communes, dont six seulement jouissent du service journalier.

Le bureau de Brioude correspond avec deux bureaux de distribution : La Voute-Chilhac, et Saint-George-d'Aurat.

ISSINGEAUX. — M. MONTAGNE, *directeur.*

Le bureau est ouvert, en été, depuis six heures du matin jusqu'à six heures du soir; en hiver, depuis sept heures du matin jusqu'à sept heures du soir.

ARRIVÉE ET DÉPART.

Tence, arrive à cinq heures du matin; part à onze heures.
Montfaucon, arrive à cinq heures du matin; part à onze heures
Le Puy, arrive à dix et demie du matin; part à six du matin.
Saint-Étienne, Lyon, Paris, arr. à six du m.; part à dix et dem.

Les deux facteurs de ville font trois distributions par jour : la première, à sept heures du matin, comprend les correspondances apportées par les couriers de Tence et de Montfaucon; la seconde, à neuf heures du matin, les correspondances de Saint-Étienne; la troisième, à onze heures du matin, les correspondances du Puy.

Trois facteurs desservent huit communes, dont six jouissent du service journalier.

Bureaux de Poste et Distributions.

DIRECTEURS DANS LE DÉPARTEMENT.

Allègre,	Madame Chazal.
Brioude,	Madame Pételin.
Craponne,	M. Bodoin.
Issingeaux,	M. Montagne.
La Chaise-Dieu,	Mademoiselle Lombardin.
Langeac,	M. de Sédaiges.

Le Monastier,	Madame Badiou.
Lempdes,	M. Guyot.
Le Puy,	M. Bausse.
Monistrol,	M. Souvignet.
Montfaucon,	Mademoiselle Domengé.
Paulhaguet,	M. Desarbres.
Pradelles,	Mademoiselle Pichot.
Saugues,	Madame Rivière.
Saint-Didier,	M. Vialleton.
Saint-Paulien,	Madame Brisse.
Tence,	M. Fraisse.

DISTRIBUTEURS.

Aurec,	Mademoiselle Sabot, bureau de Saint-Didier.
Auzon,	M. Challet,	Lempdes.
Bas,	Madame Brun,	Monistrol.
Blesle,	M. Barrès,	Lempdes.
Cayres,	M. Gauthier,	Le Puy.
Dunières,	Madame Demeure,	Montfaucon.
Fay-le-Froid,	Madame Frugier,	Tence.
La Voute-Chilhac,	Madame Audiard,	Langeac.
Loudes,	Madame Clinopolde,	Le Puy.
Pinols,	Madame Clavier,	Langeac,
Riotord,	M. Moulin,	Montfaucon.
Sainte-Florine,	Madame Jory,	Lempdes.
St-George-d'Aurat,	M. La Salzède.	Paulhaguet.
St-Julien-Chapteuil,	M. Giband,	Le Puy.
St-Maurice-du-Lignon,	M. Crépon,	Issingeaux.

Saint-Pal-de-Mons,	M. Neyron,	Saint-Didier.
Saint-Pal-de-Chalencon,	Madame Plagnieu,	Monistrol.
Sainte-Sigolène,	M. Pichon,	Saint-Didier.
Vorey,	M. Ludon,	Le Puy.

Entreposeurs des Dépêches.

MM. Delprat,	à Fix.
Vidal,	à L'Espinasse.

POSTES AUX CHEVAUX.

Il existe dans le département de la Haute-Loire dix relais de postes, dont l'effectif est d'environ soixante et dix-sept chevaux et vingt postillons.

Route de Paris par Clermont.

Relais.	Distances en kilomètres.	Maîtres de postes.
Leimpdes.		MM. Lagarde.
Brioude,	quinze.	Dulac-Schwab.
Saint-George-d'Aurat,	vingt-et-un.	Dulac-Schwab.
Limandres,	vingt-deux.	Dulac-Schwab.
Le Puy,	vingt-et-un.	Madame Pugin.

par Vichy.

Relais.	Distance.	Maîtres ed postes.
La Chaise-Dieu,	vingt et un.	M. Beylot.
Thouzet,	vingt et un.	Madame Pugin.
Le Puy,	vingt-deux.	Madame Pugin.

Route de Lyon à Mende.

Monistrol,	vingt-deux.	M. Monnier.
Issingeaux,	vingt-	M. Dulac.
Le Puy,	vingt-huit.	Madame Pugin.
Costaros,	dix-neuf.	Madame Pugin.

Les maîtres de postes sont tenus de représenter aux voyageurs le livre d'ordre sur lequel doivent être consignées les plaintes qui pourraient être formées sur leur service. Le livre est visé par l'inspecteur du département, qui soumet ces plaintes à M. le directeur général.

ORGANISATION

DE L'INSTRUCTION

PUBLIQUE.

—

ACADÉMIE DÉPARTEMENTALE.

MM. Gisclard, *recteur*.
Rodier, *secrétaire*.

Conseil Académique.

MM. le Recteur, *président*. MM. Calemard de La Fayette.
l'Évêque.   de Brive.
le Préfet.   Coupe.
le Procureur de la république. Tollemer.
Dorlhac.   Adhéran.
Badon.   Bertrand de Doue, *secrétaire*.

Inspection de l'instruction primaire.

MM. Colomb, *inspecteur*, au Puy.
Marolles,   à Brioude.
Bérault,   à Iasingeaux.

—

LYCÉE DU PUY.

CONSEIL D'ADMINISTRATION.

MM.

MM.

le Préfet, *président-né.*

Joseph Bertrand, anc. dép.

le Maire.

Richond des Brus, anc. dép.

Dorlhac, président du tribunal Civil.

Lobeyrac, juge d'instruct.

ADMINISTRATION.

MM. l'abbé Tollemer, *proviseur.*

MM. Bernard, *aumônier.*

Sarrau, *censeur.*

Arnal, *économe.*

PROFESSEURS.

Béliben, *Philosophie.*

Dousset, *Cinquième.*

Azéma, *Sciences physiques.*

Guillemot, *Sixième.*

Guibillon, *Rhétorique.*

Chautard, *Septième.*

Chotard, *Histoire,*

Gervais, *Huitième.*

Delacroix, *Seconde,*

Soldin, *langue Allemande.*

Recoq, *Troisième.*

Le Camus, *Anglaise.*

Durand, *Mathématiques élémentaires.*

Rey, *Ecriture.*

Bernard (2e chaire),

Sagedieu, *Musique.*

Marc, *Quatrième.*

Giraud, *Dessin.*

Simeray, *maître suppléant.*

Brochot, Besqueut, Gerbier, *maîtres d'étude.*

Colas, *directeur de l'Externat.*

Pepin, *des Cours Industriels.*

Rey, *de l'École Primaire.*

—

COLLÈGE DE BRIOUDE.

<table>
<tr><td colspan="2">MESSIEURS</td><td colspan="2">MESSIEURS</td></tr>
<tr><td>Neyreneuf,</td><td>principal.</td><td>Pravaz,</td><td>quatrième.</td></tr>
<tr><td>Veysseyre,</td><td>aumônier.</td><td>Mazin,</td><td>cinquième.</td></tr>
<tr><td>Rousseau,</td><td>mathématiques et physique.</td><td>Faure,</td><td>sixième.</td></tr>
<tr><td>David,</td><td>rhétorique.</td><td>Crémont,</td><td>septième et huitième.</td></tr>
<tr><td>Missonnier,</td><td>seconde.</td><td>Genevrier,</td><td>maître de français.</td></tr>
<tr><td>Saigne,</td><td>troisième.</td><td>Cheminard,</td><td>maître d'écriture.</td></tr>
<tr><td>Fraisse et Servy,</td><td colspan="3">maîtres de musique.</td></tr>
</table>

—

ÉCOLE NORMALE.

Commission de Surveillance.

MM. le Préfet, *président.*   MM. Malbet, *procureur de la républ.*
Dorlhac, *vice-président.*   Tollemer, proviseur du Lycée.
André, avoué, *secrétaire.*   Papon, professeur émérite.
Péala, curé de Notre-Dame.   Huriez, directeur.

PERSONNEL.

M. Huriez, *directeur*, morale, agriculture, hygiène, chimie.

MM. l'abbé Grand, *aumônier*, instruction religieuse.
Guillemot, histoire.
Labille,   langue française, histoire naturelle.
Besson,   mathématiques élémentaires.
Marsein,   écriture, méthodes, école d'application.
X   dessin linéaire, géographie, surveillance.
Sagedieu, musique vocale.
. Campana, plain-chant.
Arnaud, *médecin*.

ÉCOLES INDUSTRIELLES.

MM. Bertrand de Doue et Vibert, *directeurs*.
Papon,   *professeur* de mathématiques.
Moiselet,   d'architecture, de stéréotomie, etc.
Giraud,   de dessin.

FERME-ÉCOLE DE NOLHAC.
(Voir page 145.)

MM. Baptiste Chouvon, *directeur*.
Jean Ouillon,   *chef de pratique*.
Chaudier,   *surveillant comptable*.
Xavier Soyez,   *pépiniériste*.
Gire fils,   *vétérinaire*.

JURI MÉDICAL.

MM. Calemard de Lafayette et Porral, *membres titulaires.*
Joyeux, Regimbeau aîné, Perrier et Blanc, *adjoints.*

CORPS MÉDICAL.

MM. Badon, *président;*   Balme du Garay, *secrétaire.*

HYGIÈNE PUBLIQUE ET SALUBRITÉ.

CONSEIL DU PUY.

MM. Calemard de La Fayette, Reynaud, Porral, du Garay, Borie, *médecins;* Joyeux, *chimiste;* Gatillon, Roch, *pharmaciens;* Gire fils, *vétérinaire;* Bertrand de Doue, Badon, Albert de Brive.

CONSEIL DE BRIOUDE.

MM. Héraud, Pissis, Andrieux, Langlois, *médecins;* Regimbeau, Dauzat, *pharmaciens;* Exbrayat, *vétérinaire;* Denier, Gaubert, Tony Rochette.

CONSEIL D'ISSINGEAUX.

MM. La Bruyère, Chardon, Mourret, Pipet, *médecins;* Gagnaire, Andoain, *pharmaciens;* Brun, *vétérinaire;* de La Roque, Duchamp, Dubois.

ÉTABLISSEMENTS

DE BIENFESANCE.

—

HOPITAUX.

Hôtel-Dieu et Hôpital-Général du Puy.

La commission administrative tient ses séances le mardi, à deux heures.

MESSIEURS

Le Maire, *président-né ;*   de Vinols, *vice-président.*

Meynier, *ordonnateur ;*   Gerbier, *économe.*

Gros, *chef de la comptabilité ;*   Mandet père, *receveur.*

Souteyran-Champavère, *malades ;*   Péala, curé, *enfants trouvés.*

Calemard de La Fayette, *Chirurgien ;* Reynaud et Porral, *médecins.*

Mialhe et Courtial, *aumôniers ;*   X   , *secrétaire.*

Douze dames de la *Sainte-Trinité* de Valence, à l'Hôtel-Dieu.
Douze sœurs de *la Croix*, à l'Hôpital-Général.

Hospice de Brioude.

COMMISSION. MM. le Maire, *président ;* Thomas, Couguet, Missonnier, Mosnier, *membres ;* Salveton, *économe ;* Gueyffier, *receveur ;* Héraud, *médecin.*

Hospice de Craponne.

ADMINISTRATION. MM. Boutin-Bravard, Thévenon, Faucon, Garbil, Romeyer, le Maire, *président.*

Hospice d'Issingeaux.

COMMISSION. MM. Maurin, de Choumouroux, Cheucle, Lagrevol, Brenas, Pipet, Roche.

Hospice de Monistrol.

ADMINISTRATION. MM. Chabron de Jussac, Néron, Bonnet, Jourda de Vaux, Brunel, La Bruyère, de Veyrine.

Hospice de Pradelles.

ADMINISTRATION. MM. Martin, de Rochely, Barriol, Durand, Bonhomme, Allirol.

—

PRISONS.

Surveillance du Puy.

COMMISSION. MM. le Préfet, Dorlhac, Malbet, Mandet père, Porral, Assézat-Fabre, Chouvy, *représentant*; Eynac, *curé*; Aymard, *secrétaire.*

ADMINISTRATION. MM. Bonhomme-Lacoste, *aumônier*; Borie, *médecin*; Prade, *gardien-chef.*

Surveillance de Brioude.

Commission. MM. le Sous-préfet, le Président du tribunal Civil, le Procureur de la république, Marret, Pradier-Faurot, Redon-Rochette, Gaubert.

Administration. MM. Cornillon, *aumônier;* Héraud, *médécin;* Veyre, *gardien en chef;* madame Veyre, *surveillante.*

Surveillance d'Issingeaux.

Commission. MM. le Sous-préfet, le Président du tribunal Civil, Champanhac, Duchamp, Cheucle, Maurin.

Administration. MM. Liogier, *anmônier;* Pipet, *médecin;* Bergeron, *gardien-chef;* madame Rergeron, *surveillante.*

COMPLÉMENT

DES FOIRES.

Le travail de M. Gire, page 41, n'ayant pu être complet cette année, à cause du manque de temps et de renseignements, nous donnons ici le tableau général des foires du département.

Nota. La société Académique engage messieurs les maires à lui transmettre à ce sujet, dans le courant de l'année, tous les renseignements propres à compléter le travail de l'auteur.

***

ARRONDISSEMENT DU PUY.

JANVIER. Le 7 au Puy, 12 à Pradelles, 13 à Saugues; 23 à Saint-Vincent.

FÉVRIER. Le 1 à Roche-en-Régnier, 3 au Puy, 15 à Saugues, 19 à Fay-le-Froid, 27 au Monastier.

MARS. Le 4 à St-Paulien, 13 au Monastier et au Pont-de-Vabres (Alleyras), 15 à Saugues et à Saint-Just-près-Chomelix, 21 à Goudet, 23 à Pradelles, 24 à Roche-en-Régnier, 26 au Puy.

AVRIL. Le 8 à Saint-Vincent, 11 au Monastier, 15 à Cayres et à St-Pierre-Duchamp, 19 à Fay, 20 au Pont-de-Vabres, 21 à Goudet et à Pradelles, 25 à St-Jean-Lachalm.

MAI. Le 2 au Puy et au Bouchet-St-Nicolas, 3 à Vorey, 4 à Fay-le-Froid, 5 à Goudet, 6 au Monastier et à St-Privat-d'Allier, 12 à St-Jean-Lachalm, 13 à Saugues, 16 à Pradelles, 20 à Alleyras, 22 à St-Paulien, 31 au Monastier et à Goudet.

JUIN. Le 6 à St-Vincent, 11 à Saugues, 25 au Monastier, à Goudet et à St-Jean-Lachalm, 30 à Fay-le-Froid, à Saint-Pierre-Duchamp et à Loudes.

JUILLET. Le 12 au Puy, 22 au Monastier, à Pradelles et à Saugues, 26 à Goudet.

AOUT. Le 1 à Fay-le-Froid, 6 à Vachères, 10 à Pradelles, 14 à Roche-en-Régnier, 16 au Puy, 21 aux Estables, 25 à Thoras, 26 à Fay-le-Froid, 29 au Monastier.

SEPTEMBRE. Le 7 à Prades, à Roche-en-Réguier et à Thoras, 9 au Puy, 14 à Vorey et à St-Jean-Lachalm, 15 à Fay-le-Froid, 18 à St-Paulien et à Pradelles, 22 à St-Vincent et à Vachères, 28 à Roche-en-Réguier, 29 à Pradelles, 3o au Puy.

OCTOBRE. Le 3 à Goudet, 4, 13, 20 et 28 à Arlempdes, 6 et 27 à Saugues, 10 à St-Paulien et à Fay-le-Froid, 13 à Croisance, 14 à Thoras, 18 aux Estables, 21 à Crapoune et à Fay, 22 à St-Privat-d'Allier, 29 au Bouchet-Saint-Nicolas.

NOVEMBRE. Le 2 au Puy et à Vachères, 9 à St-Paulien et à St-Pierre-Duchamp, 10 à Alleyras, 11 au Puy, 12 à Allègre et à Alleyras, 16 au Bouchet-St-Nicolas, 18 à Saugues, 19 au Monastier, 6, 20 et 3o à St-Jean-Lachalm, 24 au Pont-de-Vabres (Alleyras), 25 à Vorey et au Pont-de-Vabres.

DÉCEMBRE. Les 1, 9 et 21 au Puy, 6 à Fay-le-Froid et à Rosières, 7 à Roche, 22 à Saugues, 29 au Monastier.

ARRONDISSEMENT DE BRIOUDE.

JANVIER. Le 2 à Lavoûte-Chilhac, 7 à Paulhaguet, 20 à Chilhac.

FÉVRIER. Le 3 à Lamothe.

MARS. Le 19 à Ally.

AVRIL. Le 15 à Ally, 20 à Pinols, 25 à Auzon.

MAI. Le 2 à Langeac, 3 à Brioude, 4 à Vieille-Brioude, 6 à Lamothe, 12 à Blesle, 13 à Ally, 18 à Pinols.

JUIN. Le 1 à Champagnac, 21 à Aurat, 23 à Brioude, 25 à Ally et à Pébrac, 3o à Blesle.

JUILLET. Le 2 à Langeac, 10 à Pinols, 15 à Brioude, 22 à Ally, 3o à St-George-d'Aurat.

AOUT. Le 1 à Blesle et à La Chaise-Dieu, 11 à Auzon, 20 à Brioude, 22 à Lempdes, 25 à Ally, 29 et le premier samedi d'août à Brioude et à Lamothe.

SEPTEMBRE. Le 1 à Champagnac, 5 à Aurat 7 à Pinols, 9 à Lavoûte-Chilhac, 10 à Pébrac, 15 à Brioude, 20 à Blesle, 22 à Ally.

OCTOBRE. Le 1 à Langeac, 2 à Lempdes, 14 à Paulhaguet, 18 à Pinols, 21 à Ally.

NOVEMBRE. Le 2 à Auzon, 10 à Blesle, 11 à Pébrac, 11 à Lavoûte-Chilhac, 13 à Lamothe, 23 à Brioude 25 à Vieille-Brioude et à Langeac.

DÉCEMBRE. Le 1 à Champagnac, 6 et 21 à Paulhaguet, 9 à Auzon, 13 à Chilhac, 24 à Brioude, 28 à Saint-George-d'Aurat.

ARRONDISSEMENT D'YSSINGEAUX.

JANVIER. Le 8 à Montfaucon, 15 à Monistrol, 21 à Tence, 25 à Saint-Pal-de-Chalencon.

FÉVRIER. Le 17 au Chambon, 18 à Foumourette.

MARS. Les 8 et 9 à Saint-Didier, 24 à Saint-Jeure, 26 à Bauzac.

AVRIL. Le 23 au Chambon, 24 à Saint-Just-Malmont, 25 à Bas et à Labrosse, 29 à Tence.

MAI. Le 1 à Saint-Pal-de-Chalencon, à Aurec et à Retournac, 2 à St-Voy, 3 à St-Pal-de-Mons, 4 à St-Didier, 6 à Monistrol et à Labrosse, 8 au Chambon et à Retournac, 15 à St-Jeure et à Ste-Sigolène, 16 à Saint-Pal, 22 à Saint-Just-Malmont, 25 à Bas.

JUIN. Le 1 à Bauzac, 2 à Montfaucon, 6 à Monistrol, 15 à Ste-Sigolène, 22 à St-Just-Malmont 23 à St-Jeure, 24 à Retournac et à Saint-Pal-de-Mons, 25 à Tence, 26 à Saint-Didier, 30 à Aurec.

JUILLET. Le 3 à Saint-Bonnet, 15 à Monistrol, 22 à Montfaucon, 25 à Saint-Just-Malmont, 30 à St-Voy, 31 à Bas, 2e mardi de juill. et d'août à Tence.

AOUT. Le 7 à Tence, 16 à St-Pal-de-Chalencon et à St-Pal-de-Mons, 17 à Montfaucon, 20 à Saint-Bonnet et à Ste-Sigolène, 22 à Monistrol, 24 à St-Didier, 29 à Retournac et Montfaucon, 31 au Chambon.

SEPTEMBRE. Le 8 à Saint-Just-Malmont, 9 à Bauzac, 10 à Saint-Jeure, 14 à Foumourette, 20 à Monistrol, 22 à Montfaucon, 30 au Chambon et à Lapte, second mardi de septembre, à Tence.

OCTOBRE. Le 1 à Foumourette, 4 à Bas, 7 à St-Jeure et à Tence, 18 à Montfaucon, Foumourette et Saint-Pal, 25 à Monistrol, 28 à Saint-Didier, 30 à St-Jeure, 31 au Chambon.

NOVEMBRE. Le 2 à Montfaucon, 3 à St-Bonnet-le-Froid, 11 à Bas, 12 à Tence, 18 à Saint-Just-Malmont, 20 à Monistrol, 25 à Montregard, 30 à Bauzac.

DÉCEMBRE. Le 1 à Bauzac, 12 à Tence, 6 à Montfaucon et à St-Just-Malmont, 13 à Labrosse, 15 à Monistrol, 18 à Saint-Didier, 26 à Retournac, 29 à Tence.

FOIRES MOBILES.

Saugues. Le vendredi après les Rogations et le vendredi avant Noel

Saint-Didier. Le dernier mardi de janvier.

Bas. Le premier mardi de mars.

Brioude. Le premier samedi de mars et d'avril.

Craponne. Le premier samedi de mai.

Saint-Julien-Chapteuil. Quatre foires, le dernier

lundi de chacun des mois de janvier, d'avril, juin et octobre.

Au Puy. Tous les samedis de mai et de juin jusqu'à la Saint-Jean.

Langeac. Le premier jeudi de juin, d'août, de septembre, d'octobre et de décembre.

Saint-Vincent. La veille de la Fête-Dieu.

Montfaucon. Le lendemain de la Fête-Dieu.

Tence. Le dernier mardi d'avril et le 2ᵉ mardi d'août.

Yssingeaux. Le jeudi après le 29 juin, le jeudi après le 29 septembre, le jeudi après les Rois, le jeudi après le dimanche de Quasimodo.

Goudet. Le deuxième lundi d'octobre.

Cayres. Le troisième lundi d'octobre.

Paulhaguet. Le lundi après la foire de Maillargues.

La Chaise-Dieu. Le jeudi avant la Toussaint.

Saint-Jean-Lachalm. Le lundi après la Toussaint et le lundi après la Saint-André.

Vachères. Le premier mardi après la foire de la Toussaint au Puy.

Saint-Pal-de-Chalencon. Le mercredi avant la fête de Saint-Nicolas.

FOIRES MOBILES DU CARNAVAL.

Tence. Le mardi avant le mardi gras.

Blesle. Le jeudi avant le jeudi gras.

Brioude. L'avant-dernier samedi du carnaval et le premier samedi de mars.

Saugues. Le dernier vendredi du carnaval.

Rosières. Le lundi gras.

FOIRES MOBILES DU CARÊME.

Chomelix. Le premier lundi de mars et le premier lundi de septembre.

Saint-Didier. Le mercredi des Cendres, le mercredi de la mi-carême et le mercredi saint.

Champagnac. Le deuxième lundi de carême.

La Chaise-Dieu. Le premier jeudi de carême.

Langeac. Le premier jeudi de carême, à la mi-carême et le mercredi saint.

Monastier. Les mardis de carême.

Monistrol. Le premier lundi de carême, le lundi de la mi-carême et le lundi saint.

Montfaucon. Le premier mardi de carême et le vendredi de la mi-carême.

Fay-le-Froid. Le samedi de la mi-carême.

Tence. Le mercredi après la mi-carême.

Blesle. Le mercredi saint.

Au Puy. Le jeudi saint.

Brioude. La veille de la Sexagésime.

Saint-Paulien. Le vendredi-saint.

FOIRES MOBILES APRÈS PAQUES.

Chomelix. Le premier lundi de mars et de septembre.

Monastier. Le mercredi après Pâques et le mardi après la Pentecôte.

Fay-le-Froid. Le jeudi après Pâques.

Montfaucon et Saugues. Le vendredi après Pâques.

Tence. Le premier mardi après Pâques et le lendemain de l'Ascension.

Alleyras. Le mardi après Pâques

Laussonne. Le jeudi après le dimanche de *Quasimodo*, le jeudi avant la veille de Saint-Michel et le jeudi avant la veille de la Toussaint.

Loudes. Le lendemain de *Quasimodo*, le lundi avant la Pentecôte et le lundi après la Trinité.

FOIRES MOBILES DES ROGATIONS, DE L'ASCENSION ET DE LA PENTECOTE.

La Chaise-Dieu. Le jeudi avant les Rogations.
St-Bonnet. Le lendemain du jour des Rogations.
Montfaucon. Le mardi des Rogations.
Au Puy. Les trois jours des Rogations.
Saugues. Le vendredi après les Rogations.
Tence. Le lendemain de l'Ascension.
Saint-Jeure. Le samedi des Rogatious.
Fay-le-Froid. Le samedi avant la Pentecôte.
Monastier. Le mardi après la Pentecôte.

MARCHÉS.

Au Puy, les mercredis et samedis.
Allègre, les mercredis.
Craponne, les samedis.
Fay-le-Froid, les mercredis.
Goudet, les lundis.
St-Julien, les lundis.
Monastier, les mardis et vendredis.
Pradelles, les jeudis.
Saugues, les vendredis.
Vorey, les lundis.
Brioude, les samedis.

Chaise-Dieu, les jeudis.
Langeac, les jeudis.
Paulhaguet, les lundis.
Yssingeaux, les jeudis.
Bas, les jeudis.
St-Bonnet, les vendredis.
St-Didier, les mercredis.
Monistrol, les lundis, mercredis et vendredis.
Montfaucon, les vendred.
Moutregard, les vendredis,
Saint-Pal-de-Chaleucon, les mercredis.
Tence, les mardis.

MÉLANGES.

AGRICULTURE.

—

FERME-ÉCOLE DU DÉPARTEMENT.

Le siège de la ferme-école départementale est à Nolhac, commune de Saint-Paulien.

Le gouvernement en créant cet établissement a eu pour but principal de former des cultivateurs praticiens capables, soit d'exploiter avec intelligence leur propriété ou de cultiver celle d'autrui comme fermiers, métayers, régisseurs, soit de devenir de bons aides ruraux, commis de ferme, chefs de main d'œuvre ou d'atelage, soit enfin de doter dans de certaines proportions le département de bons jardiniers.

Le directeur (voir le personnel, page 133), sur qui repose la direction de l'enseignement, donne des leçons sur tout ce qui concerne l'agriculture.

9

Le chef de pratique démontre la pratique des instruments, et dirige les élèves dans tous les tra_vaux intérieurs et extérieurs de la ferme.

L'agent comptable complète pour les élèves ce que leur instruction primaire laisse d'imparfait, en leur donnant des leçons de lecture, d'écriture, de grammaire, d'arithmétique, de comptabilité, d'arpentage, de nivellement, de cubage.

Le jardinier donne des notions sur toutes les branches de l'horticulture en général, et particulièrement sur la greffe et la taille des arbres.

Le vétérinaire est chargé d'enseigner tout ce qui concerne l'hygiène des animaux, de mettre les élèves dans le cas de traiter les maladies de peu de gravité, et surtout de donner les premiers secours, en attendant l'arrivée des hommes de l'art.

Les élèves, en entrant à la ferme-école, contractent l'obligation d'y rester trois ans ; ils cultivent le domaine de l'école. Ils s'engagent en conséquence et formellement à exécuter par eux-mêmes, avec zèle, bonne volonté et application, tous les travaux ruraux sans distinction, comme le feraient des ouvriers à gage. Ils doiven leur travail manuel pratique entier, complet et sans aucune réserve. Le travail théorique dans la salle d'étude vient en seconde ligne, à titre d'éclaircissement et de préparation.

Les élèves sont nourris comme les cultivateurs de la localité, à la différence, qui est à leur avantage, que les produits du jardin de l'établissement permettent d'introduire plus de variété dans leurs aliments.

Un réglement de discipline intérieure, approuvé par M. le Ministre de l'agriculture et du commerce, et certifié par M. le Préfet, est affiché dans la salle d'études.

Un programme émané de la même source, également affiché dans la salle, détermine les heures d'étude, de travail manuel, de repos.

Un tableau de bons points indique ceux que l'élève a mérités pour la bonne conduite, l'étude, le travail.

Les élèves sont continuellement sous la surveillance d'un employé de la maison. Ils sont conduits tous les jours fériés à la messe à Saint-Paulien, et tous les trimestres à la confession. Chaque élève, pendant la semaine et à tour de rôle fait la prière du matin et du soir. L'agent comptable couche au dortoir, où chaque élève a son lit.

Il est mis annuellement à la disposition du directeur, pour chaque élève apprenti présent à l'école, une somme de soixante et quinze francs, dont une partie, vingt-cinq francs environ, sert à couvrir les dépenses d'entretien du trousseau ; le reste forme une masse commune, qui est répartie à la fin de chaque année scolaire par les soins et sous la responsabilité du directeur. Celui-ci doit prendre pour base de cette répartition le zèle, la bonne conduite et l'habileté des jeunes gens. Les primes qui résultent de cette répartition, restent dans la caisse commune de l'établissement, et ne sont délivrées à l'élève qu'après l'entier achèvement des études. S'il vient à quitter l'école ou à être renvoyé avant l'expiration des trois années, il perd tout droit à cette épargne, qui fait alors retour à la masse commune de la ferme-école.

Chaque année une prime de quatre cents francs est attribuée à l'élève qui, ayant terminé le cours complet de ses études, a obtenu le numéro 1 lors de l'examen.

Les examens d'entrée à l'école et de fin d'année

sont faits par un juri spécial institué près la ferme-école par M. le Ministre de l'agriculture et du commerce.

Ce juri se compose de messieurs

Bertrand de Doue, ancien président de la société d'Agriculture ;
Albert de Brive, président actuel ;
Félix Robert, propriétaire cultivateur ;
Gervais Lantriac, propriétaire cultivateur;
Baptiste Chouvon, directeur.

L'école reçoit chaque année dix nouveaux élèves.

M. le Préfet prend un arrêté pour indiquer la date de l'examen ; cet arrêté est inséré au *Recueil des Actes administratifs,* affiché et annoncé à plusieurs reprises par la voie ordinaire dans toutes les communes du département.

Les parents qui désirent faire recevoir leurs enfants, doivent adresser au moins dix jours avant l'examen, à M. le Préfet :

1° Leur demande ;
2° L'acte de naissance de leur fils;

3° Un certificat de médecin constatant qu'il a été vacciné ou qu'il a eu la petite vérole.

Le candidat doit être âgé d'au moins seize ans.

Il est examiné sur les éléments de l'instruction primaire.

Le juri, dans ses décisions d'admissibilité, tient surtout compte de la moralité des candidats, de leur aptitude aux travaux des champs, et de leur destination antérieure à la vie rurale.

Baptiste CHOUVON, directeur.

MÉTHODE GUÉNON.

INDICATION DE SIGNES CERTAINS AUXQUELS ON PEUT RECONNAITRE LES QUALITÉS LAITIÈRES DES VACHES.

Le lait de vache, employé soit directement, soit après diverses transformations, est un des aliments les plus utiles à l'homme, et dès lors un des produits les plus importants de toute exploi-

tation agricole. Or, toutes les vaches, à nourriture égale, ne sécrètent point la même quantité
de lait, ne le fournissent pas pendant une égale
durée de temps, et le lait de tous les individus
ne produit pas la même quantité de beurre.
Ainsi il est des vaches qui donnent jusqu'à vingt
litres de lait par jour, et il en est qui n'en
donnent pas deux; il en est dont le lait est assez
butyreux pour fournir un kilogramme de beurre
par dix-huit litres de lait, et d'autres dont il en
faut jusqu'à quarante; il en est qui conservent leur
lait, avec quelque diminution seulement, jusqu'à
cinq à six semaines avant le *velage*, et il en est
d'autres qui le perdent complètement dès les
premiers jours de leur nouvelle gestation. Ces
différences dans les produits sont la cause ou
de bénéfices ou de pertes très considérables.

Aussi les moyens de reconnaître les bonnes laitières ont-ils toujours été l'objet des recherches
des nourrisseurs; mais jusqu'à ce jour les marques auxquelles chacun croyait pouvoir attribuer
ces qualités, avaient varié suivant les lieux ou les
individus. Ainsi, tandis que les uns en trouvaient
la cause dans la couleur du pelage, les autres la

cherchaient dans la forme de l'individu, la direction des cornes, la grosseur des veines, la
dimension du pis, ou même la longueur de la
queue. Ce qui résultait le plus clairement de ces
divergences d'opinion, c'est que le secret restait
encore à trouver.

Ce fut en cet état de choses, et il y a vingt ans
environ, que le sieur François Guénon, né à Li-
bourne, dans une classe qui l'avait obligé pendant
sa jeunesse à être le compagnon habituel de ces
animaux si utiles, prétendit avoir découvert des
signes certains, gravés par la nature d'une manière très apparente sur toutes les vaches, pour
servir à l'appréciation de leurs qualités laitières.
Cette découverte, fruit de vingt-cinq années de
recherches et d'expériences, devait donner le
moyen de reconnaître exactement, 1° la quantité
de lait qu'une vache peut fournir; 2° la qualité
de ce lait; 3° le temps plus ou moins long
qu'elle doit le conserver. Cette méthode était
applicable, non seulement aux vaches adultes,
mais encore aux vêles de trois à quatre mois, et
aux taureaux.

A ce seul énoncé, on entrevit de toute part les

immenses avantages que ce système, s'il était fondé, devait procurer à l'agriculture. Aussi tous les hommes dévoués à cet art, qui donne la vie au genre humain, se livrèrent-ils à l'étude de la méthode Guénon. Plusieurs associations agricoles s'empressèrent d'inviter son auteur à faire sous leurs yeux des expériences pour les éclairer sur la valeur de cette méthode. Toutes ces épreuves, subies successivement devant un grand nombre de sociétés et en présence de beaucoup de témoins, justifièrent complètement les assertions de Guénon. Depuis lors, l'approbation donnée à cette méthode par la société nationale et Centrale d'Agriculture, par les plus habiles vétérinaires et par le gouvernement lui-même, n'a laissé aucun doute sur son efficacité.

En 1840 Guénon publia une brochure dans laquelle il développa tout son système, et le rendit clair à tous les yeux par des planches lithographiées qui représentent les signes d'après lesquels on peut juger avec certitude les qualités ou les défauts des vaches laitières. Celui auquel il ajoute le plus d'importance, consiste dans un contre-poil qui se trouve sur toutes les vaches entre le pis et la vulve. A cet égard, il faut se rappeler que les poils qui recouvrent le corps de la plupart des animaux, partent de l'épine dorsale, et ont ainsi une direction de haut en bas. Il existe cependant une exception à cette loi chez les vaches, et c'est entre la partie postérieure des cuisses et à partir du centre du pis, qu'elle a lieu. De ce point s'échappe un poil remontant, d'une couleur ordinairement plus foncée, mais, dans tous les cas, sensible à la vue et au toucher, qui s'étend plus ou moins sur les cuisses, et s'élève plus ou moins jusqu'à la vulve, en affectant dans ce trajet différentes formes en longueur ou en largeur. C'est l'étendue de ce contre-poil, appelé par Guénon *écusson, gravure,* qui est le caractère de la quantité de lait ; c'est sa couleur et sa finesse qui sont les signes de la qualité; c'est enfin la présence d'épis à droite et à gauche de la vulve et dans l'intérieur même de l'écusson qui sert de marque à la durée. Telles sont les bases de la méthode Guénon.

Pour en faciliter l'application à toutes les espèces de vache, qu'une longue pratique lui a fourni l'occasion de visiter, et chez lesquelles l'écusson prend différentes formes , il a divisé l'ensemble des vaches en huit classes, qui, toutes , ont leurs bonnes, médiocres ou mauvaises laitières. Chacune de ces classes est aussi divisée en huit ordres, dont les produits vont toujours en décroissant du premier au huitième, de sorte que les premiers ordres de toutes les classes sont toujours de bonnes vaches ; les moyens, des vaches médiocres, et les derniers, des vaches mauvaises.

Les vaches des premiers ordres de chaque classe manquent, il est vrai, dans le commerce : les personnes qui sont assez heureuses pour les posséder, ne s'en défont à aucun prix. Mais, en attendant qu'une amélioration générale les multiplie, on peut se contenter de celles du deuxième et du troisième ordre, qui donnent encore de beaux produits.

Les noms que Guénon a donnés aux classes, sont arbitraires ; mais ils remplissent le but qu'il s'est proposé : ils fournissent à toute personne le moyen de classer, avec la lithographie à la main, la première vache présentée, et d'en évaluer le produit.

C'est à l'aide du *Traité des Vaches Laitières,*

que les membres d'une commission nommée en 1846 par la société d'Agriculture du Puy ont pu aprécier les qualités laitières d'un grand nombre de vaches. Après plusieurs expériences isolées, ils se rendirent ensemble à Espaly, chez MM. Viscomte, nourrisseurs renommés pour les soins qu'ils donnent au choix de ces animaux et à leur bon entretien ; il leur fut facile de distinguer à la simple vue les bonnes laitières des médiocres, et, avec un peu plus d'attention, de les classer suivant leurs marques distinctives.

A la suite du rapport qui accompagna cette expérimentation, la Société décida qu'à l'avenir il serait décerné, dans ses concours, des prix aux meilleures vaches laitières, et que le choix en serait fait d'après les indications de la méthode Guénon. Depuis cette époque, chaque année a vu se produire, à la Saint-Michel, une quantité de vaches chez lesquelles les marques de la méthode ont été, pour les yeux les moins clairvoyants, des signes révélateurs de toutes les qualités lactifères qu'elles possédaient. L'application qui en a été faite par les membres du juri, a toujours assuré autant que facilité la juste répartition des récompenses.

Aussi la société d'Agriculture du Puy a-t-elle cru devoir recommander à tous les cultivateurs et éleveurs du département l'étude de la méthode Guénon. Ils comprendront facilement les avantages que devra leur procurer l'application d'une méthode qui donne les moyens d'éloigner d'une étable toutes les bouches inutiles, pour les remplacer par des animaux de choix et dont les produits paieront les dépenses de nourriture et d'entretien. A ces avantages pour le présent viendront s'en joindre de plus grands encore pour l'avenir de l'agriculture.

Si, en effet, cette méthode est aussi bien applicable aux vêles de quelques mois qu'aux vaches, ne doit-on pas espérer que, lorsqu'elle sera répandue, on ne conservera plus que les jeunes vêles d'espérance, celles dont les signes promettront de bonnes laitières, et que les autres seront livrées à la boucherie? La méthode Guénon s'appliquant également aux taureaux destinés à la reproduction, on devra compter sur un choix qui, dans un cercle d'années assez restreint, aura des

influences certaines sur la régénération de l'espèce. Que ne devons-nous pas attendre encore,
pour atteindre le même but, de la plus grande
quantité de lait qu'un bon choix dans les vaches
nourrices pourra procurer à leurs veaux !

Ainsi, de la découverte de cette heureuse méthode doit découler un accroissement dans les
revenus du propriétaire, une amélioration dans
l'alimentation des cultivateurs et une régénération de la race aumaille, qui, dans le mâle,
se traduira par une plus grande force et, dans
la femelle, par une plus grande production.

ALBERT DE BRIVE,
président de la société Académique du Puy.

MÉTÉORISATION.

La météorisation est l'effet d'une indigestion
qui produit un développement considérable de

gaz * dans la panse du bétail nourri avec du fourrage vert, principalement avec les plantes légumineuses, en tête desquelles il faut mettre le trèfle et la luzerne.

On reconnaît qu'une bête est météorisée au gonflement de ses flancs, qui s'élèvent progressivement, et quelquefois à vue d'œil, se distendent, et résonent sous la main comme un tambour. On dit, dans notre patois, d'une vache qui est arrivée à cet état : « Aquéla vaca [vatsa] o mounta. »

Les précautions à prendre pour éviter cet accident, — qui cause un juste effroi, puisque la perte de l'animal en est souvent la suite —, et les remèdes à employer lorsqu'il est arrivé, sont peu connus dans nos campagnes, et rendent opportunes les indications que je vais donner à cet égard.

Au printemps, lorsqu'on fait passer le bétail de

* On nomme *gaz* tout corps léger, subtil, qui n'est ni solide ni liquide, et qu'on ne peut guère saisir par les moyens ordinaires. La fumée est un gaz ; l'air est un gaz ; c'est du gaz hydrogène qu'on emploie pour l'éclairage des villes ; ce qui s'échappe du vin mousseux, est un gaz ; c'est un gaz la vapeur qu'on voit s'élever de la surface d'une eau bouillante.

la nourriture sèche à la verte, on doit opérer ce changement peu à peu, avec ménagement, en mêlant le fourrage vert avec du foin ou de la paille. On arrivera ainsi insensiblement à le lui faire consommer seul et sans danger.

Une bête bien nourrie et dont les repas sont réglés, est moins sujette à la météorisation que celle qui, affamée, absorbe le fourrage avec avidité, sans le mâcher.

Le bétail est presque infailliblement attaqué de météorisation, s'il pâture à discrétion dans un champ de trèfle ou de luzerne. Ainsi l'on ne doit jamais l'y laisser trop long-temps; mieux vaut l'y ramener après un certain intervalle qui lui ait permis de ruminer, et de digérer la nourriture qu'il a déja prise.

Le fourrage vert distribué au râtelier, quoique moins dangereux, demande cependant les mêmes précautions. On ne doit pas donner tout d'un coup à une bête sa ration, mais la diviser, en ayant spin de n'en distribuer une seconde part que lorsque la première est entièrement consommée.

Le fourrage vert, conduit à la ferme, doit être déchargé de suite et étendu; car l'entassement déterminerait la fermentation, état dans lequel il faudrait se garder de le laisser manger.

Lorsqu'on s'aperçoit qu'une bête est gonflée, il faut la faire promener sans la presser, de crainte de déterminer la suffocation. Ce mouvement favorise l'expectoration des gaz, qu'on fera bien encore de faciliter en passant dans la bouche de l'animal un lien de paille noué derrière les cornes.

On conseille aussi de lui jeter de l'eau froide sur le corps et de lui presser le ventre avec la main. Si le mal ne cède pas à ces moyens, ou si l'on est arrivé trop tard pour qu'ils puissent suffire, on doit avoir recours à l'ammoniaque liquide ou à l'eau de javelle.

On administre l'ammoniaque liquide ou alkali volatil à la dose d'une cuillerée dans un demi-litre d'eau, qu'on fait avaler à l'animal au moyen d'une bouteille. Il faut que le mélange soit bien opéré, et pour cela il sera bon de mettre dans la bouteille l'ammoniaque d'abord, l'eau ensuite, et de remuer le tout ensemble. On peut, au besoin, renouveler cette dose une seconde et une troisième fois, et l'administrer à huit ou dix minutes d'intervalle.

Quand on se sert de l'eau de javelle, on en met une cuillerée dans une bouteille de lessive de cendre de bois; on la fait avaler de la même manière que l'ammoniaque; on en renouvelle aussi la dose au besoin.

A défaut d'ammoniaque et d'eau de javelle, substances auxquelles on doit donner la préférence, on peut avoir recours au sel de nitre ou salpêtre, dont l'emploi est conseillé par Dombasle à la dose de vingt-six grammes (une once environ) délayée dans un verre d'eau-de-vie.

Si l'on ne possède aucune des substances que je viens d'indiquer, il faut chercher à tirer le meilleur parti possible de ce qu'on a sous la main. Ainsi avec un bâton dont les bouts sont adoucis, afin d'éviter toute écorchure, on peut chatouiller le voile du palais de la bête météorisée, et provoquer chez elle des efforts de vomissements qui réussissent souvent à donner passage aux gaz.

Afin de ne laisser personne au dépourvu, j'énumérerai, parmi plusieurs recettes que l'on conseille, celles dont les éléments peuvent se trouver à la ferme ou chez le cultivateur voisin :

Une boutcille de lessive de cendre de bois ;

Huit grammes de poudre dans une écuellée d'huile ;

Trente grammes de chaux fraichement calcinée, qu'on fait dissoudre dans deux litres d'eau chaude ;

Un litre d'eau dans laquelle on a fait fondre sept à huit cents grammes de sel, soit une livre et demie ;

De l'eau de savon ;

Un grand verre d'eau-de-vie mêlé à un demi-verre d'huile.

Schlipf indique encore cent vingt-cinq grammes de tabac, avec un demi-litre d'eau-de-vie, dont le mélange suffit à trois fois.

Toutes ces formules sont faites en vue d'un bœuf ou d'une vache, et l'on conçoit que s'il s'agit d'une génisse ou d'un mouton, la quantité de boisson doit être réduite à la moitié, au quart, au huitième, etc., pour être proportionée à la taille de l'animal, et l'on pourrait dire à sa consommation.

Si un troupeau de bêtes à laine frappé de météorisation se trouve près de l'eau, on n'a rien de mieux à faire que de l'y plonger, ou, si elle n'est pas suffisante pour cette opération, d'en verser autant que l'on peut sur la tête de chaque individu.

Lorsque ces remèdes ne produisent aucun effet, et que la bête enfle au point de rendre la suffocation imminente, il faut avoir recours à la ponction, qu'on pratique au milieu du flanc gauche, à égale distance de la hanche et des côtes. On peut, pour se guider, observer, dans une bête à son état naturel et principalement à jeun, un creux triangulaire à la place qu'il s'agit de percer. Cette ponction, à défaut d'autre instrument, peut être faite à l'aide d'un couteau de poche, après lequel il faut introduire une canule, pour faciliter la sortie du gaz.

Le couteau a l'inconvénient de laisser entrer des matières alimentaires entre les parois abdominales et d'y causer quelquefois des inflammations mortelles. Le trocart est bien préférable à employer. C'est un instrument muni d'une canule qu'il dépasse de sa pointe et avec laquelle il s'introduit dans la panse de l'animal. Quand la ponction est faite, on retire le trocart, et la canule reste. On doit veiller seulement à ce que les matières alimentaires n'obstruent pas l'entrée de cette canule; et si cela arrive, on doit les repousser avec une baguette.

On reproche aux trocarts du commerce le défaut d'être trop petits ; on conseille de donner à la canule un diamètre intérieur de quinze millimètres au moins, et de la percer latéralement de trous oblongs pour faciliter la sortie des gaz.

Il arrive quelquefois que le trocart ne produit pas d'effet sensible ; c'est qu'alors l'enflure est causée par une surcharge d'aliments. Il faut, dans ce cas, agrandir l'ouverture faite par le trocart, et, à l'aide d'une cuillère à tremper la soupe ou du bras, retirer de la panse vingt à trente litres de substances alimentaires.

Dans tout ce que j'ai dit jusqu'ici des remèdes et opérations à employer en cas de météorisation, j'ai eu en vue plutôt les ruminants que les solipèdes *, dont il me reste à m'occuper.

---

* On nomme *solipèdes* les animaux qui n'ont au *pied* qu'une *seule* corne ou sabot.

La météorisation chez les chevaux, ânes et mulets est peut-être plus rare; ce qui fait croire à beaucoup de cultivateurs qu'ils n'y sont pas sujets; mais elle n'est pas moins dangereuse. Dès qu'on s'aperçoit, au gonflement du ventre, au soulévement des flancs, qu'un de ces animaux en est atteint, on peut avoir recours simultanément au bouchonnement, à la promenade au pas, et à l'ammoniaque liquide ou à l'eau de javelle, ainsi qu'il a été dit pour les ruminants.

Si ces remèdes ne réussissent pas, il faut immédiatement recourir au vétérinaire, qui, malgré tous ses soins, ne parvient pas toujours à sauver l'animal malade.

Enfin je terminerai cet article en donnant le conseil à tout cultivateur qui nourrit son bétail de trèfle vert ou de tout autre fourrage occasionant particulièrement la météorisation, d'avoir dans sa maison une petite provision d'ammoniaque liquide et d'eau de javelle, qu'il peut se procurer chez tous les pharmaciens. Il faudra encore un trocart, muni autant que possible de plusieurs canules pour le cas où l'on aurait à faire la ponction à différentes bêtes à la fois. A l'aide de ce petit matériel, qui est peu coûteux, et des précautions que j'ai indiquées, les accidents résultant de la météorisation ne seront pas impossibles, mais ils deviendront bien rares.

BAPTISTE CHOUVON.

DES MARNES ET DU MARNAGE

DANS LA HAUTE-LOIRE.

Les marnes de notre pays appartiennent aux formations tertiaires d'eau douce ; elles ont été déposées au fond d'un lac immense et profond, qui occupait une grande partie du sol formant aujourd'hui la vallée supérieure de la Loire.

On pense que les eaux de ces antiques réservoirs tenaient en suspension une certaine quantité de carbonate de chaux, et qu'ayant séjourné dans les mêmes lieux pendant une durée de temps incalculable, elles ont décomposé les granites qui formaient le fond du bassin ou qui se trouvaient sur ses bords. Les marnes proprement dites paraissent être le résultat de cette lente décomposition. D'un autre côté, les eaux fluviatiles entraînaient dans les mêmes réservoirs des substances limoneuses et argileuses; c'est ainsi que se sont formés ces dépôts successifs de calcaires, de marnes et d'argiles qui ont fini par combler entièrement notre vallée. Bien que ces diverses substances minérales soient parfaitement distinctes dans la série, elles participent néanmoins les unes des autres. Ainsi les calcaires sont plus ou moins mélangés de marnes; aussi les désigne-t-on géologiquement sous les noms de *calcaires marneux*. Les marnes contiennent souvent une certaine quantité de calcaire; d'autres fois elles sont associées dans des proportions variables avec les argiles ou avec des matières sablonneuses. On reconnaît parfaitement au grain, à la couleur et à la structure de la pierre, les différences qui existent entre les diverses variétés.

Les marnes calcaires sont généralement blanches, compactes, à cassure conchoïde. Limoneuses, elles sont feuilletées ; argileuses, elles sont rouges ou bleuâtres ; sablonneuses, elles ont un grain quartzeux et grossier. Les caractères suivants servent généralement à distinguer la variété de marne que l'on considère comme essentiellement propre à l'amendement des terres : sèche, elle absorbe l'eau avec avidité ; exposée à l'air, elle se délite plus ou moins facilement ; aspergée d'un vinaigre fort ou d'acide nitrique, elle fait effervescence.

« On peut être assuré, dit Matthieu de Dombasle (*Calendrier du bon Cultivateur*, p. 43), que toute terre qui, après s'être délitée dans l'eau, produit une vive effervescence avec de l'acide nitrique, est bien de la marne. Cette sorte de bouillonnement est un indice certain de la présence du carbonate de chaux. La marne qui contient à peu près moitié de son poids de carbonate de chaux, peut s'appliquer avec avantage à toute espèce de sol qui ne contient pas naturellement cette dernière substance ; indépendamment de l'action chimique qu'elle produit par son carbonate, elle ameublit les terrains argileux par la propriété qu'elle a de se déliter facilement, et donne plus de consistance aux terrains sablonneux , si c'est de l'argile qui accompagne le carbonate de chaux. Ce sont ces dernières espèces d'améliorations qu'on appelle l'*action mécanique*, produites par la marne et qui sont indépendantes de son action chimique. »

Ainsi, pour que la terre soit féconde, il faut qu'elle présente un mélange convenable de marnes calcaires, d'argiles et de détritus granitiques ou volcaniques. Quand le calcaire domine, il y a souvent infertilité, parce que les eaux des pluies ne font que glisser à la surface du sol ; dans ce cas il est nécessaire de modifier la nature du terrain en mélangeant le calcaire avec des terres sableuses. Le contraire a lieu dans les endroits volcaniques et granitiques ou pour les alluvions purement sablonneuses ; ces terrains absorbent l'eau trop promptement, ce qui rend les récoltes grêles et peu abondantes ; c'est alors qu'il faut employer la marne calcaire.

Dans la vallée du Puy nous avons tous les éléments constitutifs d'une bonne terre végétale. Si les mélanges existent naturellement, on n'a besoin le plus souvent pour engrais que du fumier ordinaire; mais dans beaucoup de localités du département on trouve des terres légères, sablon-neuses et granitiques. Les cultivateurs n'ont pas encore pris l'habitude de les amender en les marnant; et parce qu'on suppose la marne infertile par elle-même, on ne croit pas qu'il puisse ré-sulter quelque avantage de sa combinaison avec d'autres terres. Il est constant, en effet, que sans le secours d'une culture spéciale les sols marneux restent nus et arides; mais c'est une erreur de croire que les marnes soient impropres à toute culture. En effet, on commence à les utiliser aujourd'hui pour certaines cultures fourragères, telles que celle de l'esparcette (sainfoin, chaprc), qui rend déja de grands services à l'agriculture de notre département dans quelques localités où cette plante est cultivée sur des terres de cette nature. D'un autre côté, il est évident, d'après ce que nous avons dit précédemment, qu'on peut em-ployer les marnes avec non moins de succès pour amender les terres. La proportion est difficile à préciser, car elle dépend essentiellement de la nature du sol sur lequel on transporte la marne. C'est avant l'hiver qu'il faut répandre cette substance en couches plus ou moins épaisses, suivant la composition du sol : avec abondance sur les terres granitiques ou vôlcaniques, mais en moins grande quantité sur celles qui sont argileuses.

Dans le bassin d'Emblavès on trouve des portions considérables des terrains marneux qui ont résisté à l'érosion des eaux. La même formation se montre à Viaye, à Cheyrac, à Rosières, jusqu'à Glavenas. Dans celui du Puy les couches marneuses sont plus abondantes : on les rencontre aux environs de Saint-Paulien, à Borne, à Saint-Vidal ; dans la commune de Polignac, à Soyes ; à Cussac, Blanzac ; sur les pentes ravinées par la Loire et de la Borne à Brive, au Monteil, à Chadrac, Chausson, Cormail, Ceyssac, Malpas, etc. Enfin elles disparaissent sous les plateaux basaltiques qui bordent à l'ouest la vallée du Puy. D'après ces indications sommaires, il sera aisé aux agriculteurs de reconnaître et de choisir la marne dans les endroits où elle est à découvert ; son emploi est alors facile et peu coûteux. Dans les terrains basaltiques on pourra quelquefois aussi s'en procurer en traversant, au moyen de puits d'extraction , les couches volcaniques, et en pénétrant jusqu'aux bancs marneux sous-jacents.

On trouve près d'Espaly une marne limoneuse qui a été employée avec succès sur des prairies artificielles de trèfle et dans la culture de la betterave.

Félix ROBERT.

HISTOIRE.

LISTE

DES REPRÉSENTANTS

NOMMÉS DEPUIS 1789

PAR LE DÉPARTEMENT DE LA HAUTE-LOIRE.

ÉTATS GÉNÉRAUX [assemblée nationale] 1789.

Baillage ou Sénéchaussée de Riom.

CLERGÉ : · de La Bastide, curé de Paulhaguet.
dom Gerle, suppléant.
NOBLESSE : marquis de La Fayette.
TIERS-ÉTAT : Maurice Branche, avocat.

Baillage ou Sénéchaussée du Velay.

CLERGÉ : Privat, curé de Craponne.
NOBLESSE : marquis de La Tour-Maubourg.
TIERS-ÉTAT : Bonnet de Treyches, juge-mage.
Richond, avocat.

ASSEMBLÉE LÉGISLATIVE EN 1791.

Delcher.
Hilaire.
Jamon.

Lagrévol.
Laurent

Raynaud.
Rougier, de Flageac.

CONVENTION NATIONALE, 1792.

Bonnet de Treyches
Barthélemy.
Camus.
Delcher.
Faure.

Raynaud.
Rougier, de Flageac.
Le Moine.
Bardy.

CONSEIL DES CINQ-CENTS (AN II, 1795).

Belmont,
Borel.
Dupeloux.

Gallet.
Portal.;

Richond.
Vauzeilhes.

CONSEIL DES ANCIENS.

Boudinhon.

Faure.

CORPS LÉGISLATIF, DE L'AN VIII A 1814.

Bonnet de Treyches.
Besqueut.
Grenier.

La Tour-Maubourg.
Lemore-La-Faye.

CHAMBRE DES CENT-JOURS.

Bonne-Chevant.
Bonnet de Treyches.
Dugonne.

George La Fayette.
Mouton-Duvernet.

LÉGISLATURES DE 1815 A 1830.

Bertrand.
Chabalier.
Chabron de Solilhac.
Chevalier-Lemore.

Calemard-Lafayette.
de Choumouroux.
Palamède de Macheco.
Armand de Polignac.

LÉGISLATURE DE 1830 (LES 221).

Bertrand.   Berryer.   Chevalier-Lemore.

DE 1831 A 1848.

Berryer.
Bertrand.
Calemard-Lafayette.
Cuoq.

marquis de La Fressange.
Mallye.
Richond des Brus.
Salveton.

ASSEMBLÉE CONSTITUANTE EN 1848.

Avond.
Badon.
Breymand

Charbonnel.
Edmond La Fayette.
Lombard

Laurent.
Grellet.
général Bellière

ASSEMBLÉE LÉGISLATIVE EN 1849.

Breymand.
Chouvy.
Chovelon.
Jules Maigne.

Monnier.
de Saint-Ferréol.
Francisque Maigne.

DUMOLIN.

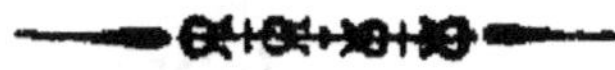

TABLEAU DES PAROISSES

DE L'ANCIEN DIOCÈSE DU PUY EN VELAY.

Paroisses de la Ville.

Saint-Pierre-le-Monastier [du Plot], **2** vicaires * et **5** sociétaires.
Saint-Pierre-la-Tour,　　　　　**2**　　　　**4**
Saint-Vozy, chapitre et paroisse,　**11** chanoines.
Saint-George, chap. et par., **6** professeurs chan., **2** vic., **1** soc.
Saint-Jean-de-Jérusalem,　　**2** prébendiers,　　　**2**

L'Hôtel-Dieu avait un curé; l'Hôpital-Général, un recteur.
Saint-Jean-des-Fonds-Baptismaux avait un prieur.

* Chaque paroisse avait son curé. Le nom des paroisses qui n'avaient que leur curé, n'est suivi d'aucune indication.

Paroisses du Diocèse.

Allègre, 2 vic., 2 soc.
Alleyras, 1
Apinac, 1
Araules, 1
Arzon.
Aurec, 2 1
Bains, 1 1
Bas, 2 3
    1 chapelain à Valprivas.
Bauzac, 1 vicaire.
Beaulieu, 1
Beaune, 1
Bessamorel.
Boisset, 1
Borne,
Cayres, 2
    1 chapelain à Chacornac
    1 à Costaros.
Céaux-d'Allègre, 1 vicaire.
Ceyssac.
Chadron, 1
Chamalières.
Champclause, 1
Chaspinhac, 1
Chaspuzac.
Chomelix, 2

Coubon, 1 vicaire,
    1 chapelain à Poinsac.
Craponne, 2 vic. 9 soc.
    1 prieur au Pontempeyrat
Crispinhac.
Cussac, 1 vicaire.
Dunières, 2 vic. 1 soc.
Estivareilles, 1 1
Félines, 1
Fix, 1
Freycenet-la-Cuche,
Freycenet-la-Tour,
Glavenas.
Goudet, 1 cloîtr. 1 chapel. a mov.
Grazac, 1 vic., 1 chap. sacrist.
Jonzieux, curé prieur, 1 vic.
La Chapelle-Bertin.
La Chapelle-d'Aurec, 1 vic.
Landos, 1 vic., 1 sociétaire,
    1 soc. et cloîtrier.
Lantriac, 1 vicaire.
Lapte, 1 vic., 1 sacristain.
Laussonne, 1 1 sociétaire
La Voûte, 1
Le Bouchet-St-Nicolas, 1 vic.,
    1 sacristain.

Le Brignon,   1 vicaire,
          1 chapelain au Cros.
Le Chambon,   1 vicaire.
Le Monastier, deux paroisses :
     St-Fortunat, 1 vicaire ;
     St-Jean ,   2
Le Vernet , 1 vic. amovible.
Les Estables,   1 vic., 1 soc.
Lissac,   1
Loudes, prieur-curé, 1 vic., 1 s.

Marlhes, 2 vic., 1 soc.
Merle ,   2
Mézères.
Monistrol , chap. 13 chanoines,
          paroisse, 2 vic.
Montarchier.
Montfaucon, 2 vic., 1 confesseur
               des religieuses.
Montlet,   2 vicaires.
Montredon.
Montregard ,   1
Montusclat,   1
Murs.

Polignac ,   2   1 soc.
Présailles ,   1
Raucoules, desservie par un des
     vicaires de Montfaucon.
Rauret,   1 vicaire.

Retournac, chap. 5 ch., 1 vic.
Riotord ,   2 vic, 1 chapelain à
               Clavas.
Rosiers,   1 vic.
Rosières,   1   1 soc.
Saint-André-de-Chalencon ,
     curé-prieur, 1 vicaire.
Saint-Aon ,   1 vic., 1 soc.
Saint-Berin ,   1
Saint-Bonnet-le-Froid , 1 vic.
Saint-Christophe ,   1
Saint-Didier-d'Allier.
Saint-Didier-la-Séauve, 2 vic.
     3 soc., 1 aumôn. à La Séauve.
St-Étienne-de-Lardeyrol, 1 vic.
St-Ferréol ,   1
St-Front ,   2 vic., 1 soc.
St-Geneys ,   1
St-George-l'Agricole, 1 vic.
St-Germain, 1 vic. 1 chapelain.
St-Hilaire, 1   1 sociétaire.
St-Hostien, 1   1 chapelain à
     Queyrières et 1 au Pertuis.
St-Jean-de-Nay, 1 vic. 1 chape-
               lain de Rome.
St-Jean-Lachalm, 1 vic.
St-Jeure-de-Bonas, 1   1 soc.
St-Julien-d'Ance , 1

Saint-Julien-de-Chapteuil, 1 vicaire, 1 sociétaire.

Saint-Julien-du-Pinet.

Saint-Julien-Molhesabate, 1 v.

Saint-Just, 1 vic., 1 soc.

Saint-Léger.

Saint-Marcel.

Saint-Martin-de-Fugères, curé-prieur, 1 vicaire.

Saint-Maurice-de-Lignon, 2 v.

Saint-Maurice-de-Roche, 2

St-Pal-de-Chalencon, 1 v., 1 s.

St-Pal-de-Monts, 1

St-Pal-de-Murs, 1

St-Paulien, trois paroisses :
St-George, chapit. collégial, 13 chan., 1 vic. 1 soc.;
Hors-des-Murs ;
Notre-Dame-du-Haut-Solier.

Saint-Pierre-du-Champ, 2 vic. dont un au Revers.

St-Pierre-Eynac, 1 v., 2 soc.

St-Pierre-de-Salette, 1 vic.

St-Privat, 1

St-Quentin.

Saint-Remi, 1 vic.

Saint-Romain-Lachalm, 1

Sainte-Sigolène, 2

Saint-Victor, 1

Saint-Vidal.

Saint-Vincent, 1 vic., 1 soc.

Saint-Voy, 1

Sanssac, 1

Sauvessanges, 1   1

Sembadel, 1

Seneujols, ·1

Solignac, 1 vic., 1 cloitrier.

Tence, 2 vic., 2 soc., 2 chapelains : à La Brosse, et au Pont-de-mars.

Tiranges, 1 vicaire.

Usson, 2   3 soc.

Varenne.

Vazeilles.

Vernassal, 1 vicaire.

Vorey, 1   1 confesseur des religieuses.

Yssingeaux, 5 vic., 4 soc.; le curé, Jean Hedde, avait le titre de *vicaire forain*.

ÉPHÉMÉRIDES LOCALES.

—

Les éphémérides locales publiées cette année par l'*Almanach Historique* ont une étendue qu'elles n'auront pas désormais.

L'année 1848, si fertile en événements politiques, était un point de départ tout naturellement indiqué par la curiosité publique.

Nous donnons donc dans ce volume les trois années 1848, 1849 et 1850.

Nous ne saurions avoir la prétention de présenter un travail parfait : il se peut que des faits intéressants aient échappé à nos investigations; mais, si les personnes qui auront remarqué des lacunes dans ce tableau, dressé à la hâte, à l'aide de documents assez incomplets, veulent bien transmettre leurs rectifications à la société Académique, nous pourrons réparer l'an prochain, par un supplément aux éphémérides de 1851, ce que notre travail d'aujourd'hui peut avoir de défectueux.

1847.

A la fin de 1847, le lieutenant colonel Genestet de Planhol contribue activement à la soumission d'Abd-el-Kader.

1848.

2 Janvier. — Décès du docteur Urbe.

20. — L'élection de M. Richond est validée par la chambre des députés.

27. — Un loup effraie les chevaux de la voiture de Langeac, à la sortie de Fix; trois personnes sont écrasées dans la chûte.

50. — Grand concert au profit des pauvres; débuts de M. Sagedieu.

— Organisation des cours gratuits de musique vocale dans la ville du Puy.

11 Février. — M. Pascon, président du tribunal Civil de Brioude, est frappé, sur son siège, d'une attaque d'apoplexie foudroyante.

23. — La nouvelle des premiers troubles de Paris arrive dans le département.

— Cinquante-six des principaux habitants de la ville réclament du préfet la convocation de la garde nationale et du conseil municipal.

28. — Retraite du maire et des adjoints de la ville. Institution d'une commission municipale.

29 Févr. — La commission municipale installe une commission départementale composée de MM. Breymand, Paul Marthory, Dugone, Guilhaume, et André.

— Le sous-préfet de Brioude et celui d'Issingeaux sont maintenus. On leur adjoint une commission provisoire.

5 Mars. — Grande revue sur la place du Breuil. Allocutions de MM. Breymand, Chouvy, et du général des Essarts.

15. — Troubles au Puy.

— Arrivée du citoyen Bravard, commissaire du gouvernement, muni de pouvoirs illimités.

11. — M. Mallye est nommé président du tribunal Civil de Brioude.

— Premier numéro du *Patriote des Montagnes*.

20. — Circulaire de Mgr l'Évêque relative aux élections.

— Institution au Puy d'un comité électoral démocratique.

— Première réunion du club de Saint-Léonard.

22. — Deuxième réunion du même club.

24. — Club des Travailleurs.

26. — Deuxième réunion des Travailleurs.

— Service funèbre pour les victimes de Février, célébré dans l'église de Saint-Laurent.

27. — Le club de l'Égalité, à Brioude, adopte pour ses candidats MM. de Saint-Ferréol et Jules Maigne.

— M. Badon est nommé maire du Puy; ses adjoints sont MM. Eyraud et Marthory.

— M. Guyot, ingénieur à Brioude, est nommé ingénieur en chef en remplacement de M. Vimal, appelé à Clermont.

2 Avril. — Plantation de cinq arbres de la Liberté à Langeac.

4, 7 et 11. — Réunion du club des Travailleurs.

5. — M. Darles est nommé sous-commissaire à Issingeaux en remplacement de M. Lobeyrac, nommé substitut.

— Le comité républicain du canton d'Allègre se constitue.

6. — Passage au Puy du citoyen Martin-Bernard, commissaire-inspecteur de plusieurs départements.

7. — M. Dugone annonce qu'il mettra à la disposition de l'autorité municipale son traitement de juge.

— Révocation et nomination de plusieurs juges de paix.

— M. Francisque Mandet, substitut au Puy, est nommé substitut du procureur général à Dijon.

9. — Plantation d'un arbre de la Liberté au Puy, sur la place du Breuil.

12. — MM. Reynaud, vice-président de la commission de surveillance de l'école Normale, et Mouton, directeur, sont révoqués de leurs fonctions.

16. — Banquet de l'Égalité, à Brioude, de deux mille trois cents convives.

22. — Plantation d'un arbre de la Liberté à Issingeaux.

— Les docteurs Reynaud et Borie, médecins, l'un, du Lycée, et l'autre, des prisons, sont révoqués de leurs fonctions.

24, à cinq heures du soir. — Une masse de cent trente mètres cubes se détache du rocher de Corneille.

27. — Proclamation des huit représentants de la Haute-Loire à l'assemblée nationale :

		MM.	
MM. Badon, élu par	55858 suffrages.	Breymand	25218
Grellet	55194	Aug. Avond	24252
Edm. La Fayette	53565	Charbonnel	21808
Laurent	27067	Lagrevol	21359.

27 Avril. — M. Bravard, commissaire, est nommé représentant du Puy-de-Dôme.

8 Mai. — Le tribunal Correctionel du Puy condamne à la prison quinze personnes qui avaient pris part à l'émeute du 15 mars, où les barrières de l'octroi avaient été brisées.

9. — M. l'abbé Fourboul, professeur au petit-séminaire de Monistrol, périt en se baignant dans la Loire.

18. — On apprend au Puy la nouvelle des événements du 15 mai. Réunion de la garde nationale. Adresse à la représentation nationale, au gouvernement, etc.

23. — Premier numéro de *l'Ami du Peuple*.

28. — Deux individus sont frappés de mort par la foudre, qui tombe sur le clocher de Blassac : on avait eu l'imprudence d'y mettre les cloches en mouvement pendant l'orage.

4 Juin. — Messe en musique. Quête au profit des ouvriers sans travail.

9. — M. Cuvinot est nommé directeur des contributions directes dans la Haute-Loire en remplacement de M. de Lestard.

— M. de Planhol est nommé colonel d'un régiment de cuirassiers.

10. — M. Gasson, receveur général dans le Loiret, est nommé dans la Haute-Loire.

15. — M. Bravard quitte Le Puy; il est remplacé provisoirement par M. Dance, sous-commissaire à Issingeaux.

16. — M. Richard est nommé préfet du département.

18. — Banquet démocratique à Langeac.

25 Juin. — Le commandant de Charbonnel est blessé au faubourg Saint-Antoine, à Paris. Il meurt le 27.

27. — Dédicace de l'église de Saint-Pierre de Montfaucon. Ce monument, érigé sous la direction de M. Normant, est consacré par Mgr de Morlhon, évêque du Puy. La première pierre en avait été posée le 8 mai 1845.

— *Le Patriote des Montagnes* cesse de paraître.

29. — On apprend au Puy que l'anarchie est vaincue à Paris.

— Revue de la garde nationale.

50. — Arrêté qui suspend le conseil municipal de Brioude.

5 Juillet. — M. Richard arrive au Puy, et prend la direction de l'administration départementale.

— A Lyon Martin-Bernard remet l'administration supérieure à M. Ambert, nommé préfet.

6. — Service funèbre célébré dans l'église de Saint-Laurent pour les victimes de l'insurrection.

8. — Une souscription est ouverte pour un monument à la mémoire de M. de Charbonnel.

9. — Trois religieuses du Montusclat et quatre jeunes filles périssent, avec le batelier qui les conduisait, dans les eaux du lac de Saint-Front.

10. — Le conseil municipal du Puy adopte le projet de construction d'une nouvelle caserne au faubourg St-Laurent, et vote cent cinquante mille francs pour cet objet.

15. — M. de Saint-Ferréol, sous-commissaire à Brioude, est remplacé par M. Randoing. M. Dance est maintenu à Issingeaux.

24. — Les restes mortels de M. de Charbonnel arrivent à

Monistrol. Un service funèbre est célébré le 26 avec une grande pompe.

25 Juillet. — Troubles à Brioude, à l'ocasion d'une réunion préparatoire aux élections municipales.

30. — Élections municipales dans tout le département.

13 Août. — Inauguration, à Clermont, de la statue du général Desaix.

20. — Élections du conseil général.

— M. Bréau est nommé sous-préfet de Brioude en remplacement de M. Randoing, non acceptant.

27. — Élections des conseils d'arrondissement.

— Médaille d'argent accordée par le ministre de l'intérieur à Jean Admiral, domicilié à Azerat, qui a sauvé la vie à trois personnes.

5 Septembre. — La restauration de la cathédrale du Puy est poursuivie avec une grande activité. On pose les dernières pierres du couronnement de la grande façade.

15. — Inauguration de la salle d'Asyle du Puy, la première qui soit ouverte dans le département

20. — Élection du général Rullière comme représentant de la Haute-Loire en remplacement de M. de Charbonnel par vingt et un mille neuf cent quatre-vingt-seize suffrages.

— Le conseil municipal de Brioude vote la suppression, dans le collège communal, de l'aumônier et du professeur de philosophie.

25 Septembre. — M. Eyraud est nommé maire du Puy.

29. — Concours de chevaux et de bestiaux , sous les auspices de la société Académique.

5 Octobre. — Réunion du conseil général. M. Louis Romeuf de La Valette est nommé président ; M. Calemard-Lafayette , vice-président. Une proposition tendant au huis-clos des délibérations est adoptée par seize voix contre dix.

Sont nommés maires : MM. Lamothe-Jubelin, à Brioud e; Charreyre , à Issingeaux.

— MM. Chouvy, Marthory et Assézat-Fabre sont nommés conseillers de préfecture.

6. — Rapport de M. Calemard-Lafayette sur la répartition de l'impôt.

— Clôture de la session du conseil général.

11. — Fermeture du club de Lempdes.

13. — Réunion des conseils d'arrondissement.

17. — La girouette du mont Corneille est abattue par un violent vent du midi.

29. — La garde nationale du Puy va au devant de la nouvelle garnison , composée du troisième bataillon et du dépôt du dix-neuvième régiment d'infanterie légère.

50. — Incendie à Langeac.

2 Novembre. — M. Lecureux est nommé préfet de la Haute-Loire en remplacement de M. Richard.

13. — Le général Mauduit est nommé au commandement de la quatrième subdivision [Le Puy] de la treizième division militaire en remplacement de M. Dorlodot des Essarts.

17 Novembre. — Apparition d'une magnifique aurore boréale dans le département.

19. — La constitution est lue au Puy, sur la place du Breuil, par M. Eyraud, maire de la ville.

21. — Seconde session du conseil général, sous la présidence de M. Louis-Romeuf.

22. — Le conseil général admet le principe du fractionnement des cantons en sections pour le vote de la présidence.

25. — Le conseil général vote une subvention de douze cents francs en faveur de M. Cubizolles, sculpteur.

26. Messe de Sainte-Cécile exécutée en musique à la Cathédrale; quête au profit des pauvres.

27. — Arrivée de M. Sérurier, nommé préfet en remplacement de M. Lecureux, non acceptant.

— Le conseil général vote des subventions à l'église de La Chaise-Dieu, à celle de Chanteuge et à la crypte de Bauzac. Il émet pour la dix-neuvième fois le vœu de voir classer parmi les monuments historiques la belle église de La Chaise-Dieu.

29. — Le conseil général supprime par dix-sept voix contre dix le service de la vicinalité. L'administration vicinale est confiée aux ponts-et-chaussées. .

2 Décembre. — Clôture de la deuxième session du conseil général.

5. — Mort de M. le comte Palamède de Macheco.

10. — Élection du président de la république. Le département donne 50248 suffrages à Louis-Napoléon Bonaparte;
   8635   au général Cavaignac;
   2554   à Raspail.

11*

21 Décembre. — Le général Rullière, représentant de la Haute-Loire, est nommé ministre de la guerre.

26. — Une conférence de Saint-Vincent-de-Paul est fondée dans la ville du Puy.

1849.

14 Janvier. — Décret qui place le département de la Haute-Loire dans la seizième conservation forestière.

16. — Exposition, à l'hôtel de Ville du Puy des tableaux de M. Victor Robert.

24. — On découvre près du château d'Espaly des débris qui semblent appartenir à un édifice gallo-romain.

31. — M. le Préfet remet à la garde nationale un drapeau envoyé par le gouvernement.

1er Février. — M. Louis Romeuf, membre du conseil général, est désigné par le sort comme membre du juri de la haute cour nationale qui doit se réunir à Bourges.

11. — Concert au profit des pauvres, donné par la société philharmonique du Puy.

20. — MM. Marthory et Chouvy, conseillers de préfecture, sont remplacés par MM. Mathieu et de Saint-Poncy.

— (mardi gras). Scènes de désordre à Langeac.

23. — Suspension des adjoints de Langeac.

23. — Décès de M. de Chabannes, capitaine de gendarmerie.

24 Février. — Banquet socialiste à Saint-Pal-de-Chalencon.

— Cérémonie funèbre à l'église de Saint-Laurent.

25. — Banquet républicain dans la salle du pavillon de Flore,
sur le chemin d'Espaly.

1er Mars. — Formation au Puy d'un comité napoléonien.

13. — Le ministre de l'intérieur accorde une somme de neuf
cents francs pour la restauration de la crypte de Bauzac. Ce
monument précieux, découvert en juillet 1847, avait été
l'objet d'un rapport à l'administration par M. Aymard,
inspecteur des monuments historiques.

14. — M. Andant est remplacé par M. Huriez dans la
direction de l'école Normale.

26. — Il tombe au Puy, dans la nuit du 26 au 27, plus de
neige qu'on n'en a vu depuis long-temps dans les hivers
les plus rigoureux.

12 Avril. — Réunion électorale du parti modéré dans la salle
de la cour d'Assises. Elle échoue par suite de l'invasion des
membres des clubs démocratiques.

13. — MM. Mandaroux-Vertamy et Dumolin sont élus membres
du conseil général par le canton d'Auzon et celui de Bas.

23. — Révocation de M. Dance, sous-préfet d'Issingeaux. Il est
remplacé par M. Duranton.

— Passage au Puy de deux bataillons de la garde mobile.
La garde nationale va à leur rencontre.

— Admission de M. Émile Badiou à l'école des Beaux-Arts.

4 Mai. — Premier anniversaire de la proclamation de la
république ; un *Te Deum* est chanté dans toutes les églises
du diocèse.

8. — M. Chambellant, inspecteur général de l'agriculture, arrive au Puy pour organiser la ferme-école du département.

15. — Élections générales pour l'assemblée législative. Sont
nommés représentants de la Haute-Loire les citoyens :
Breymand par 24695 suffrages ; Chovelon par 25225 ;
de Saint-Ferréol 23882   J. Maigne   23078 ;
Chouvy   23714   Monnier   22654.

    Les candidats qui viennent ensuite sont messieurs :
le général Rullière, par 21996 ; Lagrévol, 18826 ;
Badon, Mandaroux-Vertamy, Avond, etc.

13 Juin. — Troubles à Paris. M. Jules Maigne, représentant,
est arrêté en flagrant délit au conservatoire des Arts-et-Métiers.

24 — Désordres à Langeac. Il est opéré plusieurs arrestations.

4 Juillet. — Une société de souscription prend la direction
du journal *la Haute-Loire*, auquel elle ajoute la double qua-
lification de *journal de l'Ordre et de la Liberté*.

8. — Le général Rullière est élu représentant dans le département des Bouches-du-Rhône.

20. — Arrivée au Puy d'une garnison appartenant au dixième
léger.

22. — Réélection du conseil municipal de Langeac.

28. — Gratification accordée à Antoine Aufève, de Chadrac,
pour plusieurs actes de courage et de dévoûment.

2 Août. — Mort de M. Charel, officier de la légion d'Honneur, ancien commandant de la garde nationale d'Issingeaux.

11. — *L'Ami du Peuple* est saisi dans ses bureaux.

— M. Francisque Mandet est nommé conseiller près la cour d'appel de Dijon.

13. — Première session des conseils d'arrondissement.

15. — La Cathédrale, entièrement restaurée, est livrée au culte, pour la fête de l'Assomption.

16. — M. Morin est nommé juge de paix de Tence.

17. — M. Émile Badiou, sculpteur, obtient le neuvième rang dans le concours d'esquisse ayant pour objet la grande médaille.

18. — Le général Pellion est appelé au commandement d'une brigade de l'armée des Alpes.

20. — M. l'abbé Tollemer est nommé proviseur du Lycée du Puy en remplacement de M. l'abbé Maigné.

24. — M. Pellet, maire de La Chaise-Dieu, membre du conseil général, est désigné par le sort pour faire partie du juri de la haute cour de justice à Versailles.

25. — Le maire de Siaugues-Saint-Romain est révoqué de ses fonctions.

27. — Ouverture de la session du conseil général, sous la présidence de M. Louis Romeuf.

— Deuxième session de la commission d'instruction primaire, qui délivre deux brevets supérieurs et treize brevets élémentaires, et qui accorde dix-neuf certificats de capacité d'institutrice.

29. — Sont nommés juges de paix : M. Pissis, à Langeac ; M. Hugon, à LaVoûte-Chilhac.

— M. Saulnier est nommé payeur au Puy.

1er Septembre. — Manifestation politique devant le domicile de
M. Breymand.

— M. Rouffy est nommé procureur de la république à Brioude.

— M. Bonhomme est nommé substitut à Issingeaux.

6. — Le conseil général vote la création d'une ferme-école.

16. — Élection d'un membre du conseil général à Saint-Julien-
Chapteuil ; M. Mauras obtient la majorité.

30. — Concours de chevaux et de bestiaux, sous les auspices de la
société Académique.

1er Octobre. — M. Dumolin est nommé président de chambre
près la cour d'appel de Riom , et M. Louis Romeuf , conseiller.

19. — Élections pour le tribunal de Commerce.

14 Novembre. — Institution de la magistrature au Puy.

15. — Arrêt de la haute cour de Versailles, qui condamne Jules
Maigne à la déportation.

16. — Concession des mines de La Chalède, près de Langeac, à
MM. Laroulle et Gouy.

17. — Arrestation de M. Teyssier, surpris en flagrant délit de
fabrication de poudre à Saint-Arcons-de-Barges.

19. — M. Charles Robert et mademoiselle Julien , fabricants de
dentelles , obtiennent, chacun, une médaille d'argent à l'exposition générale de Paris.

— M. Charles Vidal est nommé maire de Brioude.

22. — Une compagnie d'infanterie est envoyée dans l'arrondissement de Brioude pour assurer le recouvrement de l'impôt.

— M. Dubois est nommé préfet de la Haute-Loire en remplacement de M. Sérurier.

24 Novembre. — La cour d'Assises prononce cinq condamnations à mort dans l'affaire des *Chauffeurs.*

27. — Décès de M. Cavart, cultivateur, à Auzon , âgé de cent et un ans.

2 Décembre. — Mort de M. George de La Fayette.

4. — M. Dubois, nouveau préfet, arrive au Puy.

5. — M. d'Encausse est nommé sous-préfet d'Issingeaux en remplacement de M. Duranton.

28. — Affreuse tourmente dans la montagne. Deux femmes sont trouvées asphyxiées entre Saint-Jean-Lachalm et Arsac ; l'une d'elles peut être sauvée par M. Gratuze.

29. — Une médaille d'argent est décernée à M. Chardon, médecin , à Issingeaux.

1850.

1er Janvier. — Ouverture de la ferme-école.

5. — M. Chanson est nommé juge de paix à Brioude.

5. — Troubles à Sainte-Sigolène.

6. — Désordres à Brive, à l'occasion de la suppression d'un chemin. Plus de deux cents personnes, tambour en tête, apportent une pétition à la préfecture.

8. — M. Avit, maire de Brive, est suspendu de ses fonctions.

9. — MM. Momège et Langlade sont nommés juges de paix à La Chaise-Dieu et à Auzon.

14. — Des médailles sont décernées à MM. Perbet, du Puy, et Sarda, de Bauzac, pour actes de courage et de dévoûment.

26 Janvier. — M. Malbet est nommé procureur de la république en remplacement de M. Enjubault, qui passe à Clermont.

30. — Fermeture du cercle des Travailleurs à Brioude.

— On agite la question du démembrement de la Haute-Loire et de la Loire.

31. — La commune de Pébrac et celle de Digons sont réunies en une seule.

2 Février. — Les villages de Mandaix, du Mont et de Loubeyrat sont distraits de la commune de Mazeyrat-Aurouze.

— Dix tableaux nouveaux, provenant du cabinet de l'Espinoy sont achetés par MM. de Brive et Charles Lafayette pour le musée du Puy. Ces tableaux appartiennent à l'école française et à l'école italienne.

3. — Grand concert au profit des pauvres.

9. — *L'Ami du Peuple* est saisi à la poste et dans ses bureaux.

14. — Le conseil municipal du Puy vote la construction d'un musée.

— M. Vital, lieutenant de la gendarmerie, à Brioude, est nommé chevalier de la légion d'Honneur.

— M. de Brive, président de la société Académique, est appelé à représenter la Haute-Loire au conseil général de l'Agriculture, des Manufactures et du Commerce. Il y prononce un discours sur l'organisation des chambres d'agriculture.

17. — Premier sermon de charité prononcé dans la Cathédrale du Puy, en faveur des pauvres, visités par la société de Saint-Vincent-de-Paul.

— Le maire de Brive est relevé de la suspension dont il avait été frappé.

22 Février. — Passage au Puy de Mgr Lauras, évêque de Dubucque en Amérique.

— Session extraordinaire du conseil général ayant pour objet les circonscriptions électorales.

24. — Second anniversaire de la révolution de 1848.

— Cris et chants qui amènent le licenciment de la garde nationale du Puy.

10 Mars. — Élection d'un représentant de la Haute-Loire. M. Francisque Maigne, frère du condamné, obtient la majorité par 27726 suffrages sur M. Lagrevol, 21505.

50. — Décès de M. le vicomte Jourda de Vaux de Folletier.

12 Avril. — M. Francisque Mandet est nommé conseiller à la cour d'appel de Riom.

16. — M. Guilbot est nommé juge au tribunal du Puy en remplacement de M. Liogier.

18. — Dissolution de la garde nationale du Puy.

— Révocation des maires de Champagnac et de Saint-Didier-sur-Doulon.

22. — M. Crémieux plaide en police correctionnelle pour M. Audiard-Bonnet.

2 Mai. — La société Académique du Puy reçoit la collection complète des publications de la société Géologique de Londres; il lui est fait de Paris un quatrième envoi de moulages paléontologiques.

4. — Deuxième anniversaire de la proclamation de la constitu-

tion. Un *Te Deum* officiel est chanté dans l'église de Notre-Dame du Puy.

8 Mai. — M. l'abbé de Charbonnel est nommé évêque de Toronto en Amérique.

20. — L'administration accorde à l'église de Saint-Géron un beau tableau représentant *Jésus chargé de sa croix*, et à l'église d'Issingeaux, un tableau de M. Balze, représentant *le Christ apaisant la tempête*.

29. — Médaille d'argent décernée à M. Alexis Mazaudier pour un acte de dévoûment.

1er Juin. — M. Firon est nommé sous-intendant militaire au Puy.

7. — Un orage épouvantable éclate sur les communes de Montusclat, Saint-Pierre-Eynac, et y cause des dommages considérables.

12. — Un orage terrible éclate sur Blesle et occasionne dans les environs des dégâts très considérables.

— Décès de M. Marret, médecin et ancien maire de Brioude.

15. — M. Legrand de Villers est nommé receveur général au Puy en remplacement de M. Gasson.

19. — Il tombe de la neige à Fix.

23. — Le R. P. de Bussy fonde l'Orphelinat de Roche-Arnaud. Mgr l'Évêque préside à l'ouverture de cet établissement.

25. — Le buste du maréchal de La Tour-Maubourg exécuté par M. Émile Badiou arrive au musée du Puy.

27. — Inondation à Langeac.

1er Juillet. — La taxe des lettres est élevée de vingt à vingt-cinq centimes.

3. — Décès de M. le baron de Tallairat, ancien maire de Brioude.

4. — Concours de bestiaux à La Chaise-Dieu, sous la direction du comice agricole de Brioude.

12. — M. Tony Rochette est nommé sous-préfet de Brioude en remplacement de M. Bréau.

22. — Révocation du maire de Chastel.

25. — La retraite pastorale est prêchée par M. l'abbé Combalot.

26. — Clôture de la retraite pastorale prêchée par M. Combalot. L'orateur expose le projet de l'érection d'une statue colossale de la Vierge sur le rocher de Corneille.

— M. de Gauville est nommé payeur du département.

50. — Inspection de la garnison par le général Marrey-Monge.

9 Août. — M. Gisclard est nommé recteur de l'académie départementale de la Haute-Loire.

12. — Ouverture de la souscription du monument de la Vierge.

16. — Le ministre de l'instruction publique accorde un secours de deux mille francs à l'église de La Voute-Chilhac.

— Une médaille d'argent de deuxième classe est accordée à MM. Vidal, de Montusclat, et Massebœuf, de Saint-Germain-Laprade, pour des actes de dévoûment.

26. — Ouverture de la session du conseil général.

— M. Louis Romeuf est élu président.

27. — Pose solennelle de la première pierre du Musée.

— Séance publique de la société Académique. — Des chœurs remarquables sont exécutés par l'école Normale, sous la direction de M. Sagedieu. — Exposition des produits de l'industrie locale.

28 Août. — Le conseil général vote trois cents francs pour l'*Almanach du département*. Il invite la société Académique à se charger de cette publication.

30. — Le conseil général désigne quatre membres du conseil académique : MM. Badon, Calemard-Lafayette, Bertrand de Doue et Albert de Brive.

31. — Le conseil général vote une somme de cent francs à distribuer en primes d'encouragement aux instituteurs qui se seraient livrés avec le plus de succès à l'enseignement de l'agriculture. Il vote un encouragement de huit cents francs au jeune Badiou, élève sculpteur.

1er Septembre. — Le conseil général encourage l'impression d'une carte départementale.

7. — M. Calemard du Genestouse est nommé substitut au Puy en remplacement de M. Lobeyrac.

— Des voleurs pénètrent dans l'église de Saint-Julien-Molhesabate, et enlèvent deux ciboires qui contenaient des hosties.

12. — M. Crozatier vient étudier le projet de l'érection d'une statue colossale à la Vierge.

15. — Abjuration d'un ministre protestant dans l'église de Fay-le-Froid.

18. — Les membres du tribunal de commerce du Puy donnent leur démission.

21. — Mgr de Charbonnel fait son entrée dans sa ville épiscopale de Toronto.

23. — Dans une salle attenante à la cathédrale du Puy, on

découvre sous le badigeonage une magnifique peinture murale du commencement du seizième siècle, représentant quatre des arts libéraux. Un rapport sur cette belle fresque est adressé le 27 au ministre de l'intérieur par M. Mérimée, inspecteur général des monuments historiques.

25 Septembre. — M. Prisse est nommé directeur des contributions directes en remplacement de M. Cuvinot.

29 et 50. — La société Académique préside au concours des chevaux et des bestiaux.

5 Octobre. — Départ de Mgr l'Évêque et de ses théologiens pour le concile de Clermont.

— Activité extraordinaire dans la fabrication des dentelles du Puy.

— Soustraction des dépêches sur la route de Lyon à St-Étienne.

6. — Ouverture du concile de Clermont.

17. — Suppression des perceptions de Céaux-d'Allègre, de Rosières et de Grazac.

24. — M. Vazeilles est nommé juge de paix de Saint-Julien-Chapteuil.

5 Novembre. — Une troupe italienne vient occuper le théâtre du Puy.

— Ouverture de l'externat de Notre-Dame-du-Puy, sous la direction de M. Coupe.

4. — Rentrée du tribunal civil du Puy ; une messe du Saint-Esprit est célébrée à la Cathédrale.

8. — Décès de M. Dugone, juge, membre du conseil général et du conseil municipal.

24 Novembre. — Messe de Sainte-Cécile, exécutée à la Cathédrale par les élèves de l'école Normale; une quête est faite au profit des pauvres.

26. — Affaire des *Chauffeurs* devant la cour d'Assises. Après trois jours de débats, cette affaire entraîne deux nouvelles condamnations à mort.

6 Décembre. — M. Louis Bertrand est nommé juge au Puy, en remplacement de M. Dugone.

— M. Ernest Baud de Brive est nommé juge de paix du canton de Vorey.

10. — M. Bernardi, capitaine de gendarmerie, qui passe du Puy à Auch, est nommé chevalier de la Légion-d'Honneur.

19. — M. Charles Neinke expose au Musée du Puy une vue panoramique de la haute et basse ville, prise vis-à-vis de la porte Pannessac en 1844.

21. — M. Enjubault, procureur de la république à Clermont, est nommé chevalier de la Légion-d'Honneur.

28. — Décès de M. Charreyre, membre du conseil général pour le canton d'Issingeaux.

29. — Élection d'un membre du conseil général pour le canton de Loudes en remplacement M. Dugone, décédé. M. Louis de Vinols obtient la majorité des suffrages.

— Un détachement de troupes est envoyé à Brioude pour assurer le désarmement de la garde nationale.

SCIENCES.

—

HYGIÈNE.

DE LA MORT PAR LE FROID.

Le département de la Haute-Loire, dont le point le plus culminant, le Mézenc, s'élève à dix-sept cent soixante et quatorze mètres, et dont le point le plus bas, Vézézoux, se trouve à trois cent quatre-vingt-dix mètres au dessus de l'Océan, est environné de toute part de hautes montagnes; son intérieur, coupé par deux chaînes, est lui-même parsemé de cônes et de mamelons volcaniques très nombreux. Il est sillonné de rivières, de ruisseaux et de torrents. Cette position élevée, cette configuration si fort inégale, donnent lieu sur ce territoire au séjour prolongé de la neige, à des hivers longs et très froids, à des variations brusques de température, suivant les changements des vents, et à des bourrasques d'autant plus périlleuses qu'elles sont très souvent subites et imprévues. Aussi presque tous les ans trouve-t-on des corps gelés dans les neiges.

En publiant l'article qu'on va lire, nous croyons pouvoir être utile surtout aux personnes qui voyagent en hiver sur les hauteurs de nos contrées.

Effets produits par le froid.

Tout individu exposé à un froid excessif éprouve. bientôt des frissons, puis des vertiges, auxquels succède un engourdissement universel; il pâlit, sa raison se trouble, sa marche devient chancelante comme dans l'ivresse; s'il veut parler, il bégaie; entraîné comme malgré lui à un sommeil accablant, il tombe presque sans force; la circulation et la respiration se ralentissent par degré, échappent à la vue et au toucher, et, si cet infortuné ne reçoit pas à cet instant de prompts secours, sa vie s'éteint en réalité ou en apparence.

Ce fut ainsi que deux mille soldats du roi de Suède Charles XII tombèrent morts de froid

sous ses yeux, durant le mémorable hiver de
1709, dans une marche en Ukraine, sur la route
de Pultava, où ce guerrier, vainqueur dans cent
combats, surnommé *l'Invincible,* fut enfin vaincu
le 8 juillet par le czar Pierre le Grand. Eh! que
de milliers de Français eurent, hélas! le même
sort en 1812, dans la désastreuse campagne de
Moscou! il en mourut jusqu'à dix mille dans une
seule nuit! Ce fut par le froid, bien plus que par
les armes, que notre armée, la plus brillante du
monde, fut réduite de quatre cent mille hommes
à trois mille soldats, au centre desquels s'étaient
retranchés l'honneur et la gloire de nos dra-
peaux!

La mort, ai-je dit, n'est quelquefois qu'apparente; c'est alors une espèce de sommeil léthar-
gique qui peut durer plusieurs jours, suivant le
rapport de quelques observateurs.

Donc, tant que le signe certain de la mort, la
putréfaction bien établie, n'existe pas, ou qu'on
n'observe pas l'ensemble des symptômes suivants:
face cadavéreuse, refroidissement du corps, obs-
curcissement et affaissement des yeux, immo-
bilité du corps, défaut de mouvement de la

mâchoire inférieure quand on l'abaisse, absence de la respiration et de la circulation, rigidité des membres; eh bien! on peut espérer de ramener à la vie celui que l'on croyait mort par le froid, et c'est un devoir sacré, qu'impose l'humanité, de le tenter à l'aide des moyens que plus bas j'indiquerai.

Mais comment arrive la mort chez ceux qui périssent par le froid ? Chez les uns, le sang, en refluant de l'extérieur à l'intérieur, occasionne une attaque d'apoplexie ou bien la rupture d'un anévrysme, ou bien encore des épanchements sanguins dans les diverses cavités ; chez d'autres, la mort arrive par asphyxie : les expériences d'Allen et de Pépys démontrent positivement que lorsque le frisson saisit le corps, et que la réaction ne peut s'opérer, l'absorption de l'oxygène est extrêmement faible, et la déperdition de carbone infiniment moindre que dans l'air modérément froid ; chez d'autres enfin, la mort doit être attribuée à la suspension graduelle de l'innervation et, par suite, à la cessation des mouvements vitaux des organes, dont le jeu est absolument nécessaire au maintien de la vie.

Moyens préservatifs.

Quand, en hiver, on entreprend un voyage dans des régions élevées et froides, le premier soin à prendre est de bien se couvrir de vêtements chauds.

Le froid, en rendant l'absorption intérieure plus énergique, active la digestion, et rend le besoin de manger plus pressant et plus fréquent. Cette faim-valle, si elle n'est satisfaite, est bientôt suivie d'une faiblesse très favorable à la pernicieuse action du froid ; il faut donc se munir de provisions de bouche : un morceau de pain, un peu de chocolat, un morceau de sucre, quelques gouttes de vin ou d'eau-de-vie, peuvent parfois prévenir une défaillance qui serait peut-être le commencement de la mort.

Le mouvement accélère la respiration, active la circulation, et augmente le développement de la chaleur animale ; tandis que l'inaction, l'ivresse, le sommeil, favorisent l'action du froid. La marche est donc nécessaire, et, si, par une cause quelconque, on est obligé de s'arrêter, il faut vivement se trémousser sur place : l'agitation, en

s'opposant au refroidissement, donne aussi la force
de résister au charme perfide du sommeil, dont
le récit suivant fera connaitre le danger :

« Le vaisseau *Endéavour*, — est-il dit dans
la relation du premier voyage du capitaine
Cook —, étant sur la côte de la Terre-de-Feu,
dans le détroit de Lemaire, le 21 décembre 1769
(saison d'été de cette contrée toujours glacée),
MM. Bancks, Solander, Buchan et autres savants
et artistes, embarqués sur ce vaisseau, voulurent
faire une incursion scientifique sur une montagne
qui paraissait peu éloignée du rivage. Étant partis
au nombre de douze, en comptant les domestiques, ils furent saisis d'un très grand froid,
auquel le docteur Solander engageait ses com-
pagnons à résister par la marche, les assurant
« que quiconque s'assiérait, s'endormirait, et
« que celui qui s'endormirait, ne se réveillerait
« plus ». Lui-même cependant fut le premier qui
ne put résister à ce besoin de sommeil contre
lequel il s'était efforcé de prémunir les autres :
il demanda qu'on le laissât coucher. Il s'étendit
et s'endormit quelques instants sur la terre cou-

verte de neige; et ce ne fut qu'avec une peine extrême que son ami M. Bancks put parvenir à le faire relever. Richtmond, domestique noir de M. Bancks, se coucha aussi, répondant aux menaces de mort qu'on lui fesait « qu'il ne désirait rien autre chose que de se reposer et de mourir ». Le docteur Solander, éveillé au bout de cinq minutes, avait presque déja perdu l'usage de ses membres, et tous ses muscles étaient si resserrés que ses souliers tombaient de ses pieds. Il ne fut pas possible de relever le nègre, qui périt avec un autre nègre qu'on lui avait laissé pour le secourir. »

Moyens curatifs.

Dans le traitement de la mort apparente par le froid, trois symptômes principaux réclament toute l'attention : l'absence, 1°, de chaleur animale ; 2°, de circulation ; 3°, de respiration. C'est à rétablir ces fonctions que tous les efforts doivent tendre.

L'expérience a prouvé combien il est dangereux d'approcher du feu ou même de placer dans un appartement chaud les personnes gelées. La chaleur appliquée subitement au corps le pénètre sans obstacle, et, liquéfiant les humeurs solidifiées par la congélation, leur donne une force d'expansion capable de rompre les vaisseaux, d'où suivent la désorganisation des tissus, l'extravasation des liquides, et des gangrènes plus ou moins profondes et toujours mortelles. L'expérience a aussi établi que ce n'est qu'en rappelant la chaleur dans le corps par une gradation presque insensible qu'on peut y ramener sûrement la vie ; la meilleure marche dans les soins qu'il convient d'administrer me paraît être la suivante :

On porte le malade dans un lieu où la température n'excède pas deux ou trois degrés au dessus de zéro ; on le déshabille, on le place sur un matelas ou sur un lit, on l'étend sur le dos, on le frictionne légèrement, d'abord avec de la neige ou de la glace pilée, puis avec des éponges ou des linges trempés dans de l'eau à la glace, à laquelle on substituera au bout de quelque temps de l'eau seulement dégourdie, et plus tard un peu tiède. Ces frictions seront faites à la région du cœur et de l'estomac ; on les étendra petit à petit aux différentes parties de la poitrine et du ventre ; ce ne sera qu'en dernier lieu qu'on les pratiquera aux membres, tant supérieurs qu'inférieurs ; car, avant de rendre aux humeurs des extrémités toute leur liquidité par la chaleur, il faut avoir réveillé l'action du cœur pour qu'il puisse y entretenir la vie.

Aussitôt qu'un peu de chaleur sera manifeste, on enveloppera la personne gelée d'une couverture de laine, sous laquelle on fera des frictions sur l'épigastre, sur la région du cœur et sur le rachis avec des morceaux de flanelle imbibés de liquides spiritueux, tels que l'eau-de-vie simple ou camphrée, l'ammoniaque, l'eau de Cologne, de mélisse ; ou bien chauffés et imprégnés de vapeurs aromatiques du genièvre, du benjoin ou de l'encens. En même temps et concurremment on emploiera d'autres expédients capables de rétablir le jeu des organes de la respiration. Ayant la bouche collée sur celle du malade, on insuffle de l'air chaud dans ses poumons, d'où on le fait sortir en imitant l'expiration naturelle par de légères compressions de l'abdomen et du thorax. Si l'on répugne à procéder à l'insufflation bouche à bouche, on peut se servir d'une sonde en gomme élastique, qu'on introduit dans une des narines et à l'aide de laquelle on pousse de l'air dans la trachée-artère, en ayant soin de tenir closes la bouche et l'autre narine. On irrite la gorge, les lèvres, l'intérieur des fosses nasales avec la barbe d'une plume ou un petit morceau de papier roulé. On gratte la plante des pieds; on promène sur toutes les parties du corps des sachets de cendres chaudes qui n'aient point été lessivées. On approche du nez du vinaigre, de l'ammoniaque, du chlore, de l'acide sulfureux, qu'on produit en fesant brûler des allumettes soufrées. On dirige par l'anus sur le tube intestinal l'*ultimum moriens*, des médicaments irritants, tels que l'eau et le vinaigre, une solution de sel de cuisine, une décoction de séné, de tabac, ou mieux encore la fumée de cette dernière plante. Une pipe dont on introduit le tuyau dans l'anus, et sur le fourneau de laquelle on souffle convenablement, est un moyen aussi bon que facile à se procurer. La plupart de ces moyens doivent être continués pendant plusieurs heures.

Si on a le bonheur de rappeler la personne gelée à la vie, aussitôt que la déglutition est

possible, ou même avant, au moyen d'une sonde
en gomme élastique, il est très important d'in-
gérer dans l'estomac des cordiaux, d'abord
légers, tels que l'infusion de thé, de sauge, de
menthe, etc., puis plus stimulants, tels que les
vins généreux, l'eau-de-vie vieille, le punch,
afin d'activer l'action vitale du cœur et de
l'estomac, et le développement de la chaleur
animale.

Ferdinand MARTEL, docteur médecin.

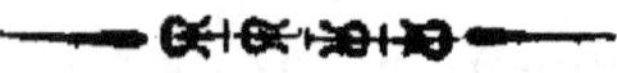

RÉSUMÉ

D'OBSERVATIONS MÉTÉOROLOGIQUES.

Elles ont été faites au Puy, à midi, à une
hauteur de six cent vingt-neuf mètres au dessus
du niveau de la mer, pendant l'année 1849.

TABLEAU *où se trouvent consignées les moyennes mensuelles et annuelles des indications fournies par le baromètre à zéro, le thermomètre centigrade extérieur, l'hygromètre de Saussure, ainsi que l'état du ciel, pendant l'année 1849.*

214

NOMS des mois.	MOYENNES mensuelles du baromèt. à zéro.	MOYENNES mensuelles du thermom. extérieur.	TEMPÉRAT. les plus basses.	MOYENNES mensuelles de l'hygromètr.	NOMBRE de beaux jours.	PLUS ou MOINS couvert.	PLUIE à midi.	NEIGE à midi.
		centigr.	centigr.					
Janvier.....	709,48	5°51	— 8°,0	83°14	6	24	«	1
Février....	713,86	6,61	—11°,0	82,55	15	12	1	«
Mars.......	707,53	6,80	— 8°,0	80,13	13	15	«	5
Avril......	704,04	9,44	— 1°,0	80,80	1	24	4	1
Mai........	706,45	17,99	+ 5°,0	78,05	8	22	1	«
Juin........	707,46	25,23	+ 5°,0	78,29	17	10	5	«
Juillet.....	708,22	24,27	+ 7°,5	78,39	18	13	«	«
Août.......	707,94	19,96	+ 5°,0	79,03	13	18	«	«
Septembre.	709,77	16,17	+ 1°,0	83,15	5	27	«	«
Octobre....	709,60	13,55	— 5°,0	83,16	5	26	«	«
Novembre .	706,24	6,55	—16°,0	85,00	7	20	1	2
Décembre..	706,07	5,22	—17°,0	84,16	2	24	«	5
Moyen. an.	708,04	12,77		81,51	108	255	10	12

On voit à l'inspection de ce tableau que pendant l'année 1849,

1° La hauteur moyenne et mensuelle du baromètre a été la plus faible (704^{mm}04) dans le mois d'avril, et la plus élevée (715^{mm}86) dans le mois de février ; la moyenne annuelle est 708^{mm}04.

2° Celle du thermomètre centigrade placé à l'extérieur et à l'ombre a atteint 24°27 dans le mois de juillet, et est descendue à 5°22 dans le mois de décembre. La moyenne de l'année est 12°77. Il ne faut pas oublier que les observations ont été faites à midi.

3° La température la plus basse, 17° au dessous de zéro, répond au mois de décembre.

4° Le jour le plus chaud a été le 5 juin ; à midi le thermomètre centigrade marquait déja 28°5. La différence entre ces deux températures extrêmes est de 45°5.

5° La moyenne hygrométrique mensuelle a oscillé entre 78°03 dans le mois de mai, et 85°00 dans le mois de novembre. La moyenne générale offre 81°31.

6° On compte 108 beaux jours, c'est à dire dans lesquels l'atmosphère a été parfaitement sereine.

7° Pendant 235 jours le ciel a été plus ou moins sombre ou chargé de vapeurs.

8° Il n'a plu à midi que 10 jours dans l'année, et la pluie a été généralement peu abondante.

9° Il est tombé 12 fois de la neige dans la vallée du Puy, mais bien plus souvent sur les hauteurs.

10° La moyenne de l'été à midi est 22°49 ; celle de l'hiver, 6°69. La différence, assez considérable, 15°80, est due à deux causes : l'élévation du sol et le voisinage des montagnes.

Nota. Nous avons pris pour l'hiver les mois de décembre, janvier et février, et pour l'été ceux de juin, juillet et août, les premiers étant les plus froids, et les seconds les plus chauds de l'année.

Tableau renfermant le nombre des jours de chaque mois où le vent indiqué au haut de la colonne a été observé.

DIRECTION DE LA GIROUETTE SUPÉRIEURE PLACÉE A 757^m AU DESSUS DU NIVEAU DE LA MER.

NOMS des mois.	Vents septentr.			Vents orientaux.			Vents méridion.			Vents occident.			V. obliq. ou interm.			
	NNO	N	NNE	ENE	E	ESE	SSE	S	SSO	OSO	O	ONO	NE	SE	SO	NO
Janvier........	«	«	«	1	1	2	«	«	1	1	8	1	1	2	4	9
Février.......	«	«	3	1	5	«	1	3	«	1	5	»	3	2	3	1
Mars..........	«	4	3	3	7	4	«	1	«	1	7	»	«	1	«	«
Avril.........	1	1	«	«	4	5	1	2	1	«	13	1	«	1	«	2
Mai...........	«	«	2	«	2	4	«	1	«	«	11	2	2	5	«	2
Juin..........	«	1	«	2	6	2	2	«	1	«	6	1	6	2	1	«
Juillet.......	«	2	«	1	3	2	1	3	«	1	9	«	5	«	2	2
Août..........	«	2	1	«	12	1	«	2	1	«	3	«	3	1	»	3
Septembre ...	«	1	«	«	7	«	«	11	«	«	5	«	2	4	«	«
Octobre......	«	«	«	«	4	«	«	8	«	«	10	«	2	4	1	2
Novembre....	«	2	«	1	4	«	«	1	«	«	20	«	«	1	«	1
Décembre....	«	1	1	«	1	«	1	1	«	«	16	«	5	«	1	4
Moyenn. ann. pr chaque vent.	1	14	10	9	36	18	6	53	4	4	115	5	29	53	12	28
Moyenn. annu. pr chaque group.	8			27			11			40			23			

Tableau contenant les mêmes indications que le précédent, mais à une plus grande hauteur au dessus du sol.

NOMS des mois.	DIRECTION DES NUAGES.															
	NNO	N	NNE	ENE	E	ESE	SSE	S	SSO	OSO	O	ONO	NE	SE	SO	NO
Janvier……….	1	2	«	1	1	2	«	«	«	«	8	«	1	«	7	8
Février………	1	«	2	1	5	«	1	2	«	1	4	«	4	1	4	2
Mars…….….	«	9	1	3	4	1	1	1	«	«	4	«	2	1	«	2
Avril.…….…	2	«	«	«	4	3	2	1	1	1	7	2	1	«	«	6
Mai………….	«	«	2	«	«	6	«	«	«	1	10	2	2	3	3	2
Juin…………	«	1	2	3	6	2	1	1	«	«	6	1	4	2	«	1
Juillet…….…	«	5	2	«	4	2	2	5	«	1	4	1	5	«	2	2
Aout……….	«	2	1	«	5	1	«	«	1	1	9	«	5	1	1	7
Septembre….	«	1	«	«	«	«	«	1	«	«	5	«	«	5	10	8
Octobre…….	«	«	«	«	2	«	«	2	«	«	7	«	2	6	10	2
Novembre…..	1	1	«	1	1	«	«	1	«	«	12	«	«	4	1	8
Décembre…..	1	3	1	«	1	«	«	«	«	«	10	2	4	1	2	6
Moyenne ann. p^r chaque vent.	6	24	13	9	53	17	7	12	2	5	86	8	26	24	59	54
Moyennes ann. p^r chaque group.	14			20			7			53			36			

Ces deux tableaux nous montrent que, dans les parties basses de l'atmosphère, les vents septentrionaux sont les plus rares, et les vents occidentaux les plus fréquents. Entre eux viennent se placer les vents du sud et de l'est, dans l'ordre croissant de leur apparition.

Les vents collatéraux présentent un chiffre intermédiaire entre ces deux extrèmes.

Dans les hautes régions de l'air ce sont les vents méridionaux qui soufflent le moins fréquemment; ceux du nord et de l'est se placent à leur suite; les vents occidentaux prédominent encore.

Les vents obliques, tels que le nord-est, etc., présentent une moyenne supérieure, même à celle des vents occidentaux.

L'ordre de classement n'est pas interverti quand on se borne à considérer les quatre vents principaux, au lieu d'y joindre leurs voisins de droite et de gauche; c'est ce qui nous a engagé à les comparer dans leur ensemble, au lieu de chercher à saisir leurs rapports individuels.

On voit aussi que dans tous les points observables de la masse atmosphérique les vents intermédiaires septentrionaux sont plus fréquents que leurs correspondants méridionaux.

Il résulte de ces rapprochements que l'on peut considérer le Puy comme soumis principalement au régime des vents occidentaux , surtout de ceux qui inclinent vers le nord.

De l'Influence des Vents sur la hauteur de la colonne barométrique.

D'après les lois de la mécanique un fluide en mouvement exerce sur sa base une pression moindre que lorsqu'il est en repos. Ainsi l'effort vertical d'une rivière sur son lit diminue quand on ouvre la vanne qui en arrête en partie le cours. De même, aux approches des orages, quand la violence du vent atteint son paroxysme, le baromètre baisse, parce que le poids de l'atmosphère agit obliquement sur la surface de la terre.

Ce fait, une fois reconnu d'une manière générale, il peut être utile de rechercher la part d'influence exercée par chaque vent sur cette même pression. C'est le but que nous nous sommes proposé d'atteindre par les rapprochements consignés dans ce quatrième tableau. Il renferme les valeurs de la pression moyenne mensuelle et annuelle par les vents principaux et intermédiaires.

Tableau *indiquant les moyennes mensuelles du baromètre à zéro par les principaux vents.*

NOMS DES MOIS.	N	NE	E	SE	S	SO	O	NO
Janvier......................	»	711,52	703,70	701,99	«	705,25	708,50	708,97
Février......................	»	711,48	703,32	710,87	718,62	707,65	716,12	702,77
Mars	707,87	»	706,14	686,83	695,41	«	708,70	«
Avril......................	702,59	»	699,61	695,68	703,88	«	700,30	701,66
Mai.......................	«	708,87	710,94	700,94	700,84	«	705,99	704,21
Juin......................	707,55	708,88	709,61	708,62	«	705,30	703,69	«
Juillet...................	710,50	709,95	709,99	«	706,42	704,02	706,38	707,95
Août......................	709,67	709,61	709,59	707,75	707,49	«	707,83	704,72
Septembre.................	706,92	710,66	710,84	704,81	704,91	«	703,14	«
Octobre...................	«	711,58	706,54	703,25	708,19	692,42	704,15	700,82
Novembre..................	708,69	«	700,22	711,55	«	«	705,43	719,33
Décembre..................	699,81	708,28	701,58	«	696,95	700,05	707,24	706,48
Moyenn. ann. correspond...	706,70	710,42	706,82	703,20	704,97	702,11	706,46	707,43
Moy. ann. des v. princ. réun.	706,24							
Moy. ann. des 4 v. collatér.	705,79							
Moy. ann. des 8 v. comparés.	706,01							
Moy. ann. de tous les vents..	708,04							

On voit par l'examen de ces colonnes que :

1° La pression atmosphérique varie avec la direction du vent. Elle atteint son maximum par le nord-est, et son minimum par le sud-ouest. Le poids de l'air s'élève ensuite graduellement sous le règne des vents sud-est, sud et ouest jusqu'à la hauteur moyenne correspondant aux autres vents considérés.

2° Des observations faites en divers lieux du globe montrent que la direction du vent amenant la pression maxima change avec la position géographique du baromètre. Ainsi, aux États-Unis, les directions nord-ouest et sud-est sont les lignes de plus grande et de plus petite pression. On conclut de là que « les plus grandes hauteurs « barométriques répondent aux vents septen- « trionaux partant de l'intérieur des terres, et « les plus faibles, aux vents méridionaux venant « de l'équateur ou de la mer ».

Voici l'explication qu'on donne de ces phéno- mènes :

L'air refroidi par les vents du nord se contracte et s'affaisse sur lui-même. Il reçoit alors vers sa limite supérieure les courants partis des régions voisines plus chaudes et plus élevées; de là l'augmentation de sa masse et, par suite, de la pression observée.

Si, au contraire, l'air est échauffé par les vents méridionaux, l'atmosphère locale se dilate, s'élève et s'écoule de tous les côtés sur les parties plus basses de l'air environnant. La perte de poids qui en est la conséquence, occasionne une diminution sensible dans la hauteur de la colonne barométrique.

De l'Influence des Vents sur la marche du Thermomètre.

Nous venons de déterminer les rapports des vents avec le mouvement de la colonne barométrique; pour augmenter le faisceau des observations sur le climat de notre vallée, il est nécessaire d'étudier les relations qui existent entre la direction des vents et les indications du thermomètre.

TABLEAU *où sont contenues les moyennes mensuelles et*

cipaux et

NOMS des MOIS.	Moy. mensuelles des vents septentrionaux.			Moy. mensuelles des vents orientaux.			moy. mensuelles des vents méridionaux.		
	NNO	N	NNE	ENE	E	ESE	SSE	S	SSO
Janvier	«	«	«	6,2	1,7	5,5	«	«	5,6
Février	«	«	4,7	1,5	6,7	«	4,1	7,1	«
Mars	«	9,4	5,1	10,9	6,5	8,0	«	2,4	«
Avril	7,7	8,1	«	«	10,2	12,6	17,5	12,0	5,6
Mai	«	«	17,1	«	24,6	21,7	«	24,5	«
Juin	«	21,5	«	24,0	27,6	27,2	20,5	«	«
Juillet	«	26,7	«	27,5	26,1	26,4	25,5	25,2	«
Aout	«	17,7	22,0	«	18,7	20,5	«	16,5	28,0
Septembre	«	19,0	«	«	15,6	«	«	17,1	«
Octobre	«	«	«	«	15,0	«	«	16,4	«
Novembre	«	4,4	«	2,5	11,5	«	«	9,5	«
Décembre	«	2,0	1,5	«	6,5	«	7,0	6,5	«
Moy. annuell.	7,7	15,6	10,1	12,1	14,0	17,4	14,9	15,5	15,1
Moy. des moy.	10,4			14,5			15,8		

De la comparaison des éléments dont nous venons de parler, résultent les conséquences suivantes :

1° Les vents orientaux, méridionaux et intermédiaires, considérés dans leur ensemble, sont les

*annuelles des degrés thermométriques par les vents prin-
intermédiaires.*

NOMS des MOIS.	Moyen. mensuelles des vents occidentaux.			Moyennes mensuelles des vents intermédiaires.			
	OSO	O	ONO	NE	SE	SO	NO.
Janvier.........	8,5	4,0	6,2	4,0	6,0	7,0	5,0
Février.........	7,1	7,3	«	7,4	9,6	5.6	7,5
Mars...........	9,8	4,2	«	«	8,0	«	«
Avril..........	«	9,0	11,5	«	6,8	«	8,7
Mai............	«	16,4	14,5	19.8	18,6	«	14.7
Juin...........	«	22,7	25,0	23,9	27,4	19,5	«
Juillet........	24,8	21,2	«	24,5	«	20,6	25,0
Aout...........	«	21,2	«	22,2	28,0	«	21,2
Septembre......	«	14,6	«	16,0	17,0	«	«
Octobre........	«	14,5	«	12,2	15,6	14,0	25,0
Novembre.......	«	7,0	«	«	11,0	«	11,0
Décembre.......	«	5,2	«	2,5	«	9,2	2,7
Moy. annuelles.	12,5	12,5	14,5	14,7	14,8	12,6	13,4
Moy. des moy..	13,0			15,9			

plus chauds de l'année. Les vents de l'ouest et du
nord, ainsi que leurs voisins de droite et de gauche, sont ceux qui élèvent le moins la colonne
thermométrique.

11 *

On aurait pu s'attendre à nous voir placer les vents méridionaux en première ligne ; mais cette anomalie apparente s'explique aisément, si l'on observe que les vents orientaux, amenant presque toujours le beau temps, doivent, à midi surtout, produire une élévation sensible de température.

2° Les vents septentrionaux sont plus rares en hiver que les vents méridionaux ; cette circonstance tend à modérer l'intensité du froid pendant la saison rigoureuse, et à rendre le climat du Puy plus tempéré qu'il ne devrait l'être eu égard à sa hauteur au dessus du niveau de la mer.

3° En hiver, les vents secs ou orientaux sont moins fréquents que les vents humides ou occidentaux ; c'est le contraire en été. Mais, comme l'excès d'humidité de l'hiver se traduit ordinairement en météores solides, comme le givre ou la neige, il en résulte que la pluie est rare dans le lieu où se trouvent circonscrites nos expériences.

4° Les vents secs soufflent plus fréquemment au printemps qu'en automne ; les vents humides présentent les mêmes chiffres dans les deux saisons : dans la même saison les premiers sont bien plus rares que les derniers.

Quant aux vents intermédiaires, ceux qui sont le moins chargés de vapeur, sont plus fréquents en automne qu'au printemps, aussi l'on remarque qu'en général, au Puy, le printemps est moins beau que l'automne.

Ces trois dernières conséquences deviennent plus manifestes par l'inspection de ce sixième et dernier tableau, où l'on a continué de prendre pour l'hiver le mois de décembre 1848 et les deux premiers mois de l'année suivante, pour l'été les mois de juin, juillet et août de l'année courante.

NOMS des saisons.	NNO	N	NNE	ENE	E	ESE	SSE	S	SSO	OSO	O	ONO	NE	SE	SO	NO
Hiver............	«	«	5	2	7	7	1	3	1	2	15	2	6	11	14	16
Printemps......	1	5	5	5	15	11	1	4	1	1	51	5	2	7	«	4
Été...........	«	5	1	3	21	5	5	5	2	1	18	1	16	5	5	7
Automne	5	«	1	15	«	«	«	20	«	«	55	»	4	9	1	5

En rassemblant les données précédentes, puisées dans les observations de l'année 1849, on est conduit à conclure que le climat du Puy est sec et tempéré, mais plus froid que les pays de plaine situés à la même latitude.

D'autres résultats qui n'ont pu trouver place dans ce résumé, nous permettent d'ajouter que, si ce climat est tempéré par l'élévation moyenne du thermomètre, il est excessif par la grande différence qu'on rencontre entre les températures extrêmes de l'hiver et de l'été, et celles du jour et de la nuit, notamment pendant le printemps et l'automne.

SUPPLÉMENT.

—

ASYLE

DE SAINTE-MARIE-DE-L'ASSOMPTION

POUR LE TRAITEMENT

DES MALADIES MENTALES.

La congrégation de Sainte-Marie-de-l'Assomption établie à Clermont-Ferrand, à Privas, à La Sellette dans la Corréze, a fait l'acquisition de la propriété de Mont-Redon, près du Puy, pour y fonder un hospice sur le modèle perfectionné de celui qu'elle dessert dans chacune de ces villes. Les vieux bâtiments ont été disposés de manière que dès à présent quelques malades des deux sexes peuvent y être admis et traités.

PERSONNEL : MM. Reynaud, *médecin.*
l'abbé Bal, *supérieur.*
le Prieur des frères.
le frère Reymond.
Madame la Prieure des sœurs.
la sœur Marie-Jésus.

Nous sommes heureux de porter à la connaissance du public la création d'un pareil établissement. Le conseil général, lors de la dernière loi sur les aliénés, avait cru devoir reculer devant la dépense qu'aurait entraînée la construction d'un hospice départemental, et s'était déterminé à envoyer au loin les aliénés de la Haute-Loire ; mais cette décision, si elle satisfesait aux prescriptions de la loi, avait le double inconvénient et de faire sortir l'argent du pays, et d'occasioner des frais considérables de déplacement. Il sera donc avantageux que la philanthropie, la charité chrétienne, si féconde en heureux résultats, soit intervenue, et mette à notre portée un établissement si utile.

—

L'OEUVRE DES ORPHELINS.

La ville du Puy, déja si riche en établissements de bienfesance, a vu s'en élever un nouveau pendant l'année 1850.

Un saint et vénérable prêtre, celui que nos populations se plaisent à appeler *le nouvel apôtre du Velay*, le révérend père de Bussy, a vu le malheur des petits garçons que la mort de leurs parents laisse dans l'abandon; il vient au secours d'une si grande misère, et crée l'établissement des Orphelins.

Mgr de Morlhon, évêque du Puy, se déclare le protecteur de l'œuvre et s'en réserve la haute direction ; à son exemple les curés et le clergé des différentes paroisses de la ville l'appuient de leur concours.

L'œuvre des Orphelins est une de celles dont la charité catholique a seule le secret ; mais sa fondation exige des fonds cónsidérables. Malgré ses fatigues, malgré la faiblesse de sa santé, qu'ont usée de continuels et pénibles travaux, le bon père de Bussy parcourt lui-même la ville. Il ignore les dissentiments politiques; il sait que la religion a des ennemis, mais que la charité ne peut en avoir. Il frappe à toutes les portes ; nulle part un refus ne vient affliger son cœur, une immense sympathie accueille partout ses projets et ses demandes ; il recueille également l'or du riche et l'obole du pauvre. Son œuvre est populaire et devient celle de la ville entière.

La quête fut abondante ; mais elle est loin de suffire aux frais nécessaires. On se contenta de prendre en ferme la campagne de Roche-Arnaud, située sur un coteau en face de la ville, et le 23 juin dernier vingt-deux enfants y furent installés.

Si l'état voulait fonder une maison pareille, il nommerait un directeur, un économe, des professeurs, des surveillants ; il y aurait un chapitre de plus au budget, et tout irait à merveille, surtout si l'on ajoutait à ce nombreux personnel quelques inspecteurs qui, tout en courant la poste, feraient de beaux rapports. Pour un établissement que fonde la charité, il faut plus d'économie ; il faut sutout que la pensée religieuse qui l'a créé, le soutienne et le dirige. En France, depuis quelques années, on a formé plusieurs refuges pour les petits garçons ; on a toujours éprouvé de grands embarras pour en composer l'administration.

Presque toujours des prêtres zélés, ou même des frères des écoles Chrétiennes, ont accepté cette tâche difficile ; mais pour appliquer des enfants aux travaux industriels et agricoles, il faut plus que la surveillance, il faut l'exemple : il faut mettre la main à l'ouvrage. Cependant il n'existe pas d'ordre religieux dont le travail soit le but principal.

Notre évêque et le R. P. de Bussy ont créé un ordre nouveau, un ordre spécial, celui des *Frères Travailleurs* ou de *Saint-François-Régis*. Cet ordre se compose d'hommes qui se consacrent à Dieu et aux bonnes œuvres. Il ne dépend ni *directement* ni *indirectement* d'aucun autre ordre : il ne reconnaît d'autre supérieur que son évêque. C'est à lui qu'est confiée la direction de l'Orphelinat.

Cet établissement prend un développement considérable. Déjà dix frères et quarante-deux enfants sont dans la maison de Roche-Arnaud. On ne peut en recevoir un plus grand nombre jusqu'au mois de mars. Alors un domaine, qu'on prend en ferme aux environs du Puy, sera cultivé par les enfants, et de vastes bâtiments permettront d'en recevoir de nouveaux. Roche-Arnaud continuera toujours à être la maison principale de l'ordre ; ce sera là sans doute que sera établi le noviciat des frères.

Le but des fondateurs de l'Orphelinat est surtout

de former de bons cultivateurs. Depuis long-temps nos campagnes se dépeuplent et l'industrie enlève les bras nécessaires à l'agriculture ; nos jeunes gens, nos jeunes filles même, abandonnent leur village et leurs vieux parents : l'appât d'un salaire plus élevé les entraîne dans les villes, où souvent ils ne trouvent que la débauche et la misère.

L'industrie ne sera cependant pas négligée : elle occupera les enfants trop faibles pour de plus rudes travaux ; elle sera pour tous une occupation lorsque la rigueur de la saison ne permettra plus d'aller dans les champs. Déjà il y a dans l'Orphelinat des tailleurs, des cordonniers, des charpentiers, des maçons ; ces petits ouvriers font l'ouvrage de la maison. D'après les conseils des principaux négociants de la ville, il y a un atelier pour les dentelles. Peu d'hommes se livrent à cette industrie, qui semble être le partage des femmes ; cependant les dentelles faites par les hommes ont une plus grande valeur et se vendent à un plus haut prix que celles des ouvrières ordinaires. On a aussi quelques métiers pour la soie ; cette industrie donne de belles espérances, et pourra doter la ville du Puy d'un commerce important.

Ce ne sont pas des savants que l'on veut former dans l'orphelinat : on en fera de bons catholiques; on leur apprendra à lire, à écrire, un peu de calcul : enfin ils recevront l'instruction nécessaire pour l'état auquel ils sont destinés.

Nous aurions beaucoup à dire sur l'œuvre des Orphelins; nous aimerions à parler des espérances qu'elle donne. C'est la charité de la ville du Puy qui l'a fondée; le département tout entier l'adoptera, et chaque arrondissement aura des fermes pour y donner un asyle et du travail à ses orphelins. A peine connus, les *Frères Travailleurs* sont demandés par plusieurs villes importantes des provinces les plus éloignées; les offres les plus généreuses accompagnent ces demandes; mais avant de les accepter, il faut que l'ordre des Frères-Travailleurs soit bien fondé, solidement établi dans notre département.

Contentons-nous de dire en terminant que c'est la charité qui a créé l'œuvre des Orphelins, que c'est la charité qui doit la soutenir; ne la laissons pas périr : elle doit régénérer nos campagnes en leur donnant des cultivateurs bons chrétiens et laborieux; elle dotera notre pays d'industries nouvelles; elle formera dans nos villes des ouvriers qui n'iront pas grossir les rangs de l'émeute, et qui ne se poseront pas en ennemis de la religion et de la société.

—

DISPOSITIONS POSTALES.

Toute lettre du poids de sept grammes et demi et au dessous, circulant à l'intérieur de bureau à bureau, est taxée à vingt-cinq centimes.

Les lettres *de* et *pour* la Corse et l'Algérie sont soumises à la même taxe.

Les lettres dont le poids excède sept grammes et demi, et qui ne pèsent pas plus de quinze grammes, sont taxées à cinquante centimes.

Les lettres adressées aux sous-officiers et soldats de terre et de mer en activité de service sont taxées à vingt et à quarante centimes.

Les lettres et paquets dont le poids excède quinze grammes, sans dépasser cent grammes, sont taxés à un franc.

Les lettres ou paquets dont le poids dépasse cent

grammes, sont taxés à un franc par chaque cent grammes ou fraction de cent grammes excédant.

Les lettres de la ville pour la ville et toutes celles de la correspondance locale sont taxées à dix centimes.

A Paris cette taxe s'élève à quinze centimes.

Les lettres recommandées et les lettres chargées subissent une surtaxe de ving-cinq centimes; mais l'affranchissement n'est obligatoire que pour les lettres chargées.

Les lettres recommandées sont déposées au bureau (et non mises dans la boite), sous enveloppe, et fermées au moins de deux cachets en cire, avec empreinte.

Couleur des timbres-postes.

Bistre pour le timbre-poste à dix centimes.
Verte —. à quinze.
Bleue — à vingt-cinq.
Orange — à quarante.
Rouge — à un franc.

On peut, suivant les besoins, employer pour une même lettre plusieurs timbres-postes.

DISTANCES DU PUY

AUX AUTRES CHEFS-LIEUX DE PRÉFECTURE

ET POPULATION DE CHAQUE DÉPARTEMENT.

Villes	Kilomètres.	Population.
Agen (Lot-et-Garonne)	550	356886
Ajaccio (Corse)	640	185079
Alby (Tarn)	220	327655
Alençon (Orne)	566	434379
Amiens (Somme)	660	526282
Angers (Maine-et-Loire)	515	458674
Angoulème (Charente)	555	253655
Arras (Pas-de-Calais)	700	642969
Auch (Gers)	565	307601
Aurillac (Cantal)	155	262015
Auxerre (Yonne)	367	342316
Avignon (Vaucluse)	170	235048
Bar-le-Duc (Meuse)	505	306339
Beauvais (Oise)	605	385124
Besançon (Doubs)	345	254324
Blois (Loir-et-Cher)	410	230666
Bordeaux (Gironde)	415	538151

Villes.	Kilomètres.	Population.
Bourbon-Vendée (Vendée)	535	529826
Bourg (Ain)	205	341628
Bourges (Cher)	300	248589
Caen (Calvados)	670	500956
Cahors (Lot)	245	280515
Carcassonne (Aude)	285	265991
Châlons (Marne)	520	525045
Chartres (Eure-et-Loir)	300	278215
Châteauroux (Indre)	310	257628
Chaumont (Haute-Marne)	420	244825
Clermont (Puy-de-Dôme)	120	566575
Colmard (Haut-Rhin)	510	408741
Digne (Basses-Alpes)	255	155065
Dijon (Côte-d'Or)	520	570945
Draguignan (Var)	517	511695
Épinal (Vosges)	475	379859
Évreux (Eure)	580	421665
Foix (Ariège)	550	247952
Gap (Hautes-Alpes)	220	125529
Grenoble (Isère)	175	525984
Guéret (Creuse)	240	252952
Laon (Aisne)	600	425560
LaRochelle(Charente-Inférieure)	490	489147

Villes.	Kilomètres.	Population.
Laval (Mayenne)	580	354138
Le Mans (Sarthe)	515	446519
Lille (Nord)	745	970296
Limoges (Haute-Vienne)	265	276351
Lons-le-Saulnier (Jura)	265	310282
Lyon (Rhône)	130	416575
Mâcon (Saône-et-Loire)	190	515776
Marseille (Bouches-du-Rhône)	275	526302
Melun (Seine-et-Marne)	475	318209
Mende (Lozère)	80	138778
Metz (Moselle)	575	409155
Mézières (Ardennes)	630	281684
Montauban (Tarn-et-Garonne)	273	241586
Montbrison (Loire)	75	375714
Mont-de-Marsan (Landes)	440	265509
Montpellier (Hérault)	190	539560
Moulins (Allier)	210	285302
Nancy (Meurthe)	525	403038
Nantes (Loire-Inférieure)	575	475090
Nevers (Nièvre)	265	271777
Niort (Deux-Sevres)	435	288260
Nimes (Gard)	165	347550
Orléans (Loiret)	420	304228

Villes	Kilomètres.	Population.
Paris (Seine)	505	924226
Pau (Basses-Pyrénées)	463	412469
Périgueux (Dordogne)	295	464074
Perpignan (Pyrénées-Orientales)	525	151372
Poitiers (Vienne)	585	267670
Privas (Ardèche)	80	328419
Quimper (Finistère)	825	502851
Rennes (Ile-et-Villaine	645	553453
Rodez (Aveyron)	155	1550014
Rouen (Seine-Inférieure)	635	688295
Saint-Brieux (Côtes-du-Nord)	755	581684
Saint-Lô (Manche)	700	611206
Strasbourg (Bas-Rhin)	585	533467
Tarbes (Hautes-Pyrénées)	435	222059
Toulouse (Haute-Garonne)	500	407016
Tours (Indre-et-Loire)	430	290160
Troyes (Aubes)	430	241762
Tulle (Corrèze	200	284882
Valence (Drôme)	95	285791
Vannes (Morbihan)	695	427453
Versailles (Seine-et-Oise)	525	440817
Vesoul (Haute-Saône)	400	535641

DISTANCES DU PUY

AUX CHEFS-LIEUX DE CANTON DU DÉPARTEMENT.

Cantons.	Kilom.	Cantons.	Kilom.
Allègre,	26	Le Monastier,	19
Auzon,	75	Monistrol,	48
Bas,	53	Montfaucon,	46
Blesle,	83	Paulhaguet,	50
Brioude,	63	Pinols,	63
Cayres,	16	Pradelles,	35
Craponne,	39	Saint-Didier,	58
Fay-le-Froid,	34	St-Julien-Chapteuil,	17
Issingeaux,	28	Saint-Paulien,	14
La Chaise-Dieu,	43	Saugues,	38
Langeac,	48	Solignac,	12
La Voute,	56	Tence,	40
Loudes,	16	Vorey,	20

DISTANCES DE BRIOUDE

AUX CHEFS-LIEUX DE CANTON DE L'ARRONDISSEMENT.

Cantons	Kilom.	Cantons	Kilom.
Auzon,	13	La Voute,	12
Blesle,	20	Paulhaguet,	16
La Chaise-Dieu,	27	Pinols,	43
Langeac,	28		

DISTANCES D'ISSINGEAUX.

Cantons.	Kilom.	Cantons.	Kilom.
Bas,	25	Saint-Didier,	30
Montfaucon,	18	Tence,	16
Monistrol,	28		

—

RECTIFICATION.

Le 24 janvier 1851 le ministère dont nous a-vons donné la composition à la page 52, a été remplacé par un ministère dit *de transition*, ainsi composé :

Intérieur............ MM.	Vaïsse.
Affaires étrangères............	Brenier.
Justice............	de Royer.
Guerre............	général Randon.
Finances............	de Germiny.
Marine............	amiral Vaillant.
Instruction publique............	Giraud.
Agriculture et commerce............	Schneider.
Travaux publics............	Magne.

FIN.

INDEX ALPHABÉTIQUE.

FIN DE LA TABLE.